영재의 탄생

THE WORLD
ALMANAC
FOR KIDS

삼성출판사
samsungbooks.com

미국식 창의 영재 훈련법

1. 두툼한 학습지 한 권으로 단번에 끝장내요.

한 권 안에 아홉 가지 학습 영역이 고루 들어 있어 다양한 학습이 가능해요.
하루 한 장! 부담 없이 풀고 싶은 문제를 풀며 성취감을 느껴 보세요.

2. 200문제 하나하나를 놀이하듯 재미있게 풀며 두뇌 훈련해요.

200문제가 모두 다르고 새로워서 매일매일 문제를 푸는 것이 즐거워요.
도넛으로 덧셈도 하고, 호기심을 자극하는 수수께끼도 풀면서 창의력을 키워요.

3. 초등 교과 학습과 연계된 다양한 영역별 학습으로 창의력을 키워요.

2013년 개정된 새 교육 과정을 반영한 '언어', '받아쓰기', '창의수학', '덧셈, 뺄셈' 등 기본 영역부터
'과학', '동물', '시계, 달력' 등 흥미로운 영역까지 다양한 분야를 고루 다뤄요.

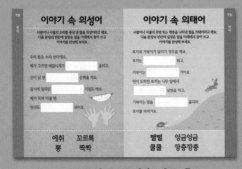

1-1 국어 ⑥ 문장을 바르게

1-1 국어 ① 즐거운 마음으로

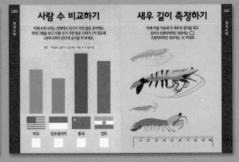

1-1 수학 ④ 비교하기

4. 제목만 읽어도 문제의 유형과 답을 쉽게 파악할 수 있어요.

각 문제의 제목은 문제 유형과 답을 찾는 방법을 정확하게 제시하고 있어요.
문제를 읽고 직관적으로 답하는 과정을 통해 사고력을 발달시켜 보세요.

만 6세 학습 미리 보기

	학습 목표	활동 내용
창의	사물의 색이나 재질을 연상해요. 사건을 시간 순서에 따라 유추해봐요.	● 색깔과 관련한 사물 연상하기 ● 사건이 일어난 순서 추리하기 ● 사라진 퍼즐 조각 찾기 ● 세계의 인사말과 국기 배우기
IQ	사물의 길이, 무게, 크기, 양을 비교하고 반복되는 규칙 패턴을 파악해요.	● 길이, 무게, 크기, 양 비교하기 ● 색깔과 사물 규칙 맞히기 ● 나라 수수께끼 풀기 ● 교통 표지판 알기(학교 1-1 ⑥ 교통안전 규칙을 지켜요)
언어	받침 있는 글자, 두 낱말을 더한 새로운 낱말을 배워요. 그림과 문장을 연결해요.	● 낱말을 더해 새로운 낱말 만들기(1-1 ③ 글자를 만들어요) ● 기분을 나타내는 말 배우기(1-1 ④ 기분을 말해요) ● 그림에 어울리는 문장 짓기(1-1 ⑥ 문장을 바르게) ● 문장 부호 익히기(1-1 ⑦ 알맞게 띄어 읽어요)
받아쓰기	다양한 낱말과 긴 문장을 따라 쓰고 어휘력을 높여요. 틀린 낱말을 고쳐 써요.	● 기본 낱말 따라 쓰기(1-1 ① 즐거운 마음으로) ● 틀리게 쓴 낱말 고쳐쓰기(1-1 ② 재미있는 낱자) ● 2~3어절 문장 따라 쓰기(1-1 ③ 글자를 만들어요) ● 의성어가 있는 문장 따라 쓰기(1-1 ⑥ 문장을 바르게)
창의수학	사물에서 연상되는 입체 도형을 찾아요. 막대 그래프와 자로 양과 길이를 재요.	● 두 수의 크기 비교하기(1-1 ⑤ 50까지의 수) ● 막대, 자를 이용해 길이 비교하기(1-1 ④ 비교하기) ● 사물 속 입체 도형 찾기(1-1 ② 여러 가지 모양) ● 일정한 수만큼 사물 묶기(1-1 ⑤ 50까지의 수)
덧셈, 뺄셈	60부터 100까지 수를 세고 써요. 0의 개념을 배우고 덧셈, 뺄셈을 해요.	● 0의 개념 배우고 따라 쓰기(1-1 ① 9까지의 수) ● 두 수 덧셈과 뺄셈 풀기(1-1 ③ 덧셈과 뺄셈) ● 세 수 덧셈과 뺄셈 풀기(1-1 ③ 덧셈과 뺄셈) ● 60부터 100까지 수 세기(1-2 ① 100까지의 수)
과학	자석의 성질을 이해해요. 몸속 기관을 배우고 다섯 가지 감각을 익혀요.	● 자석의 원리 배우기 ● 몸속 기관과 감각 알기 ● 물의 순환 과정 이해하기 ● 비탈길에서 속도 비교하기
동물	동물을 종류에 따라 분류하고 사는 곳을 배워요. 동물의 특이한 행동을 알아봐요.	● 동물의 다양한 서식지 알기 ● 몸을 지키는 방법 배우기 ● 돌고래의 몸 구조 파악하기 ● 다양한 바다 동물의 이름 익히기
시계, 달력	시침과 분침을 구별해 시간을 맞혀요. 달력으로 날짜와 요일을 익혀요.	● 시계에 긴바늘과 짧은바늘 그리기 ● 시간 순서 나열하기 ● 가족 생일 알기(가족 1-1 ⑤ 가족 행사를 알아보아요) ● 공휴일과 국경일 배우기

목차

→ 창의 ←

연상되는 색 찾기

알록달록 물감에 붙어 있던 이름표가 떨어졌어요.
왼쪽 이름표를 보고 연상되는 색의 물감을 찾아
선으로 이어 보세요.

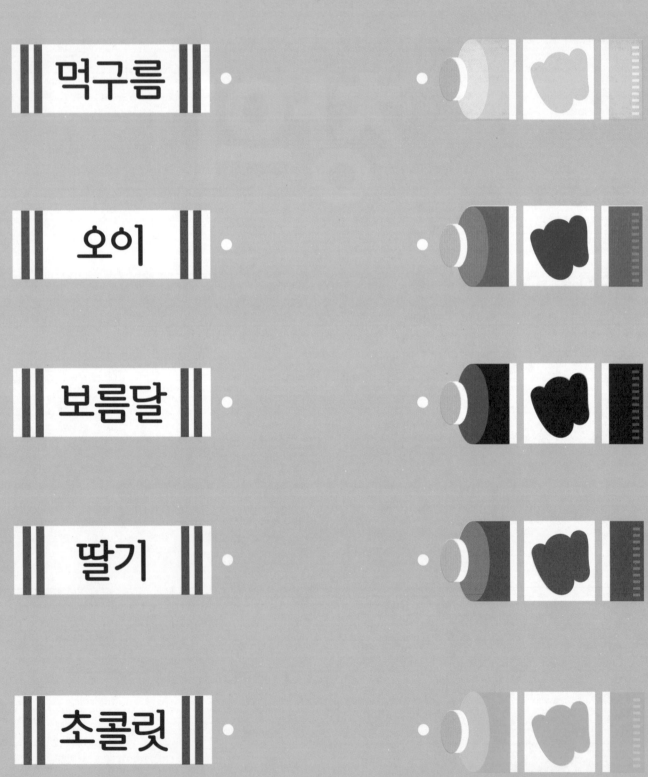

먹구름 •

오이 •

보름달 •

딸기 •

초콜릿 •

같은 재료 찾기

왼쪽 물건을 어떤 재료로 만들었는지 생각해 보고
오른쪽에서 같은 재료로 만든 물건을 찾아 ◯ 하세요.

바다 동물 미로

아기 고래는 미로를 통과해야만 엄마를 만날 수 있어요.
아기 고래가 엄마를 만날 수 있도록 바다 동물이 있는
칸을 따라 선을 그어 보세요.

알쏭달쏭 음표 미로

주현이는 음표 미로를 통과해야만 집에 도착할 수 있어요.
주현이가 집에 갈 수 있도록 음표 개수가 5보다 적은
칸을 따라 선을 그어 보세요.

투탕카멘 찾기

피라미드에서 투탕카멘의 미라 4개가 발견되었어요.
하지만 4개의 미라 중 진짜 투탕카멘의 미라는 1개뿐이에요.
다음 설명을 읽고 진짜 투탕카멘의 미라를 찾아 ◯ 하세요.

투탕카멘의 미라는 금색이에요.
투탕카멘의 미라는 초록색 목걸이를 하고 있어요.
투탕카멘의 미라는 머리에 뱀 모양이 새겨져 있어요.

동굴 벽화 찾기

깊은 동굴 속에서 고대 동굴 벽화 4개가 발견되었어요.
하지만 4개의 동굴 벽화 중 진짜 벽화는 1개뿐이에요.
다음 설명을 읽고 진짜 동굴 벽화를 찾아 ◯ 하세요.

벽화 속 동물은 상아가 없어요.
벽화 속 동물은 하늘을 날지 못해요.
벽화에는 털로 뒤덮인 동물이 그려져 있어요.

들소

매머드

박쥐

원시인

잃어버린 조각 찾기 1

공룡 퍼즐 조각 중 일부가 사라졌어요.
아래에서 잃어버린 조각을 찾아 선으로 이어 보세요.

잃어버린 조각 찾기 2

바닷속 퍼즐 조각 중 일부가 사라졌어요.
아래에서 잃어버린 조각을 찾아 선으로 이어 보세요.

세계 국기 찾기

세계 여러 나라에는 고유한 국기가 있어요.
다음 설명을 읽고 알맞은 국기를 찾아 빈칸에 숫자를 써 보세요.

	프랑스	파란색, 흰색, 빨간색으로 이루어졌어요.
	중국	빨간색 바탕에 노란색 별이 5개 있어요.
	핀란드	흰색 바탕에 파란색 십자가가 있어요.
	콜롬비아	3개의 가로 줄무늬가 있어요.
	카메룬	국기 가운데에 노란색 별이 있어요.

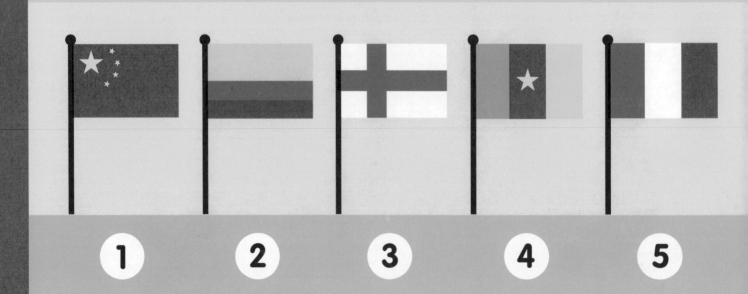

나라 이름 찾기

나라 이름과 도시 이름이 뒤죽박죽 섞여 있어요.
아래 낱말 중 나라 이름을 모두 찾아 ◯ 하세요.

워싱턴

서울

캐나다

미국

도쿄

베이징

일본

대한민국

연상되는 계절 찾기

우리나라의 봄, 여름, 가을, 겨울 사계절은 뚜렷한 특징이 있어요.
각 그림을 보고 알맞은 계절을 찾아 선으로 이어 보세요.

 ·

· 여름

 ·

· 겨울

 ·

· 가을

 ·

· 봄

똑같은 모양의 눈송이

하늘에서 떨어지는 눈송이는 모양이 제각각 달라요.
다음 중 모양이 똑같은 눈송이를 2개 찾아 ◯ 하세요.

물고기 수수께끼

다음 수수께끼를 풀고 알맞은 물고기에 ◯ 하세요.

나는 못생긴 얼굴로 유명해요.
나는 날카로운 이빨이 있어요.
나는 이마에 있는 뿔로 먹이를 유인할 수 있어요.

나는 누구일까요?

운동 수수께끼

다음 수수께끼를 풀고 알맞은 운동에 ◯ 하세요.

나는 물에서 하는 운동이 아니에요.
나는 공을 이용하는 운동이에요.
높은 그물 골대에 공을 많이 넣는 팀이 이겨요.

나는 무슨 운동일까요?

악기 수수께끼

다음 수수께끼를 풀고 알맞은 악기에 ◯ 하세요.

나는 채로 두들겨 소리를 내요.
나는 들고 다닐 수 있는 악기예요.
나는 둥근 원통 모양으로 생겼어요.

나는 무슨 악기일까요?

음식물 쓰레기 찾기

쓰레기를 종류별로 나눠 버리면 환경을 보호하는 데 도움이 돼요.
다음 중 음식물 쓰레기를 모두 찾아 ○ 하세요.

사과 껍질

바나나 껍질

통나무

신문지

빗

양말

오렌지 껍질

양파 조각

그림자 주인 찾기

동물들의 그림자가 조금씩 잘려 있어요.
왼쪽 그림자가 어떤 동물의 것인지 찾아 선으로 이어 보세요.

 • •

 • •

 • •

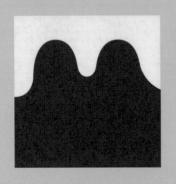 • •

강아지 인기투표

보영이네 반 친구들은 좋아하는 강아지에 투표했어요.
1표를 얻을 때마다 막대기로 표시하고 卌는 5표를 뜻해요.
다음 질문을 읽고 빈칸에 알맞은 이름과 숫자를 써 보세요.

어떤 강아지가 가장 인기 있나요?

보영이네 반 친구들은 모두 몇 명인가요?

명

강아지	표의 개수
요크셔테리어	卌 |
 비글	||||
시추	|||
 푸들	卌 |||

여행을 떠나요

영훈이는 여행지에서 친구에게 엽서를 보냈어요.
엽서 그림을 보고 영훈이의 여행지를 찾아 ◯ 하세요.

한국에 있는 친구에게

초원
북극
사막
열대 우림

영훈이가 간 여행지에서는 어떤 것이 필요할까요?
아래에서 모두 찾아 ◯ 하세요.

그림 순서 추리하기

그림을 보며 무슨 일이 일어났는지 생각해 보고
일이 일어난 순서에 맞게 1부터 3까지 빈칸에 써 보세요.

세계의 인사말 배우기

다양한 나라의 친구들은 어떻게 인사할까요?
각 나라에 알맞은 인사말을 찾아 선으로 이어 보세요.

일본 •

프랑스 •

스페인 •

미국 •

중국 •

• Hello
(헬로)

• こんにちは
(곤니치와)

• 您好
(닌 하오)

• Bonjour
(봉주르)

• ¡Hola
(올라)

→IQ←

주차장 규칙 찾기

주차장에 자동차가 빽빽하게 서 있어요.
아래에서 세 번째 줄의 가장 왼쪽 자동차를 찾아 ◯,
위에서 두 번째 줄의 가운데 자동차를 찾아 ✕ 하세요.

신발 짝 찾기

다양한 종류의 신발이 뒤죽박죽 섞여 있어요.
각 신발의 짝을 찾아보고 짝이 없는 신발에는 ◯ 하세요.

태극기를 찾아요

우리나라 대한민국의 국기를 태극기라고 해요.
다음 수수께끼를 풀고 알맞은 태극기를 찾아 ◯ 하세요.

태극기 한가운데에는 태극 모양이 있어요.
태극 모양의 위는 빨간색, 아래는 파란색이에요.
태극기 흰 바탕의 네 귀퉁이에는 검은 막대가 있어요.

태극기는 어떤 것일까요?

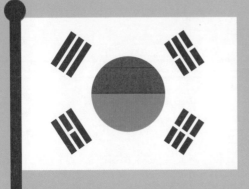

공룡 크기 비교하기

성빈이는 다양한 공룡의 특징을 수첩에 정리했어요.
아래 메모를 보고 공룡의 크기가 큰 순서대로
빈칸에 1부터 4까지 숫자를 써 보세요.

아파토사우루스
크기: 22미터
사는 곳: 미국 서부

벨로시랍토르
크기: 2미터
사는 곳: 아시아

트리케라톱스
크기: 9미터
사는 곳: 아메리카 북부

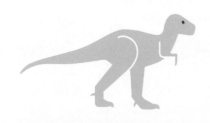

티라노사우루스
크기: 15미터
사는 곳: 캐나다, 아시아

무슨 운동일까요?

친구들이 다양한 운동을 하고 있어요.
각자 하고 있는 운동의 이름을 찾아 선으로 이어 보세요.

걷기

수영

달리기

사이클

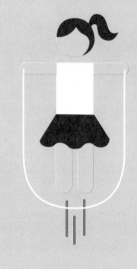

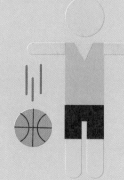

축구

줄넘기

농구

스키

쓰레기양 비교하기

쓰레기통에 쓰레기가 가득 찼어요.
다음 문제를 읽어 보고 알맞은 답을 빈칸에 써 보세요.

가장 많이 버린 쓰레기는 무엇인가요?

두 번째로 적게 버린 쓰레기는 무엇인가요?

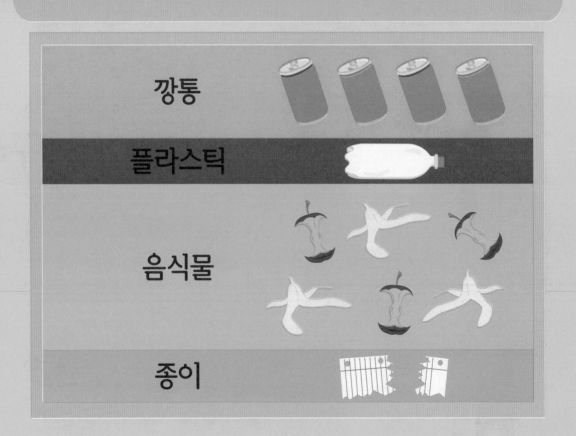

힌트 : 쓰레기 개수를 세어 양을 비교해 보세요.

고래 크기 비교하기

고래의 크기에 대한 설명을 읽어 보고
각 고래의 이름을 아래에서 찾아 빈칸에 써 보세요.

범고래는 4마리 고래 중 몸집이 가장 작아요.
대왕고래는 길이가 33미터나 돼요.
혹등고래의 길이는 11미터 정도예요.
향유고래는 혹등고래보다 크고 대왕고래보다 작아요.

혹등고래   대왕고래
범고래   향유고래

초원에 사는 동물

뒤죽박죽 쓰인 동물들의 이름을 바르게 쓰고
초원에 살지 않는 동물을 찾아 ◯ 하세요.

 룩 얼 말

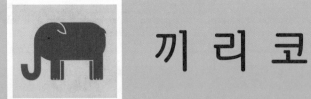 끼 리 코

 극 북 곰

 자 사

 린 기

식물 이름 찾기

혜영이는 나뭇잎 카드로 식물 이름을 공부하고 있어요.
다음 중 식물 이름이 적힌 카드를 모두 찾아 ◯ 하세요.

양배추

부엉이

새우

은행나무

치즈

소나무

고등어

해바라기

무게 비교하기

저울은 무게가 더 무거운 쪽으로 기울어요.
아래에서 가장 무거운 과일을 찾아 ◯ 하세요.

길이 비교하기

거대한 스피노사우루스의 길이는 버스 한 대 길이와 똑같아요.

스피노사우루스

그렇다면 지구 상에서 가장 긴 공룡인
세이스모사우루스는 버스 몇 대의 길이와 똑같을까요?
아래 빈칸에 알맞은 숫자를 써 보세요.

세이스모사우루스

◻ 대

힌트 : 손가락을 이용해 버스 길이를
잰 후 공룡 길이를 짐작해 보세요.

색깔 규칙 찾기

구슬들은 일정한 색깔 규칙에 따라 실에 꿰여 있어요.
각 규칙에 따라 빈칸을 알맞은 색깔로 색칠해 보세요.

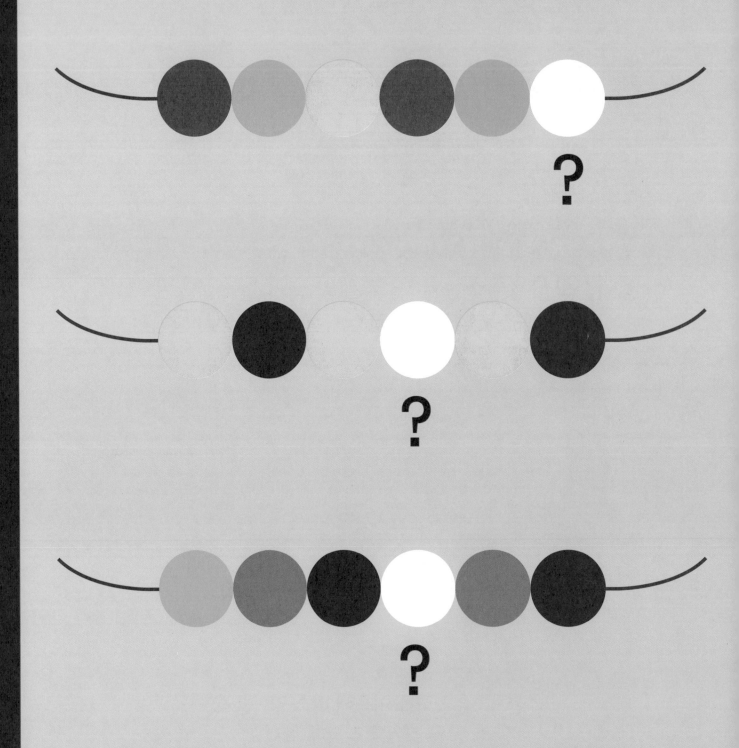

깨진 조각 연결하기

강아지가 실수로 사탕 그릇을 깨뜨렸어요.
아래에서 깨진 그릇 조각을 찾아 선으로 이어 보세요.

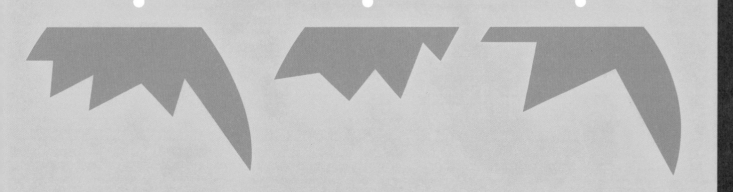

어느 나라일까요?

다음 수수께끼를 풀고 알맞은 답을 빈칸에 써 보세요.

나는 섬이 아니에요.
나는 긴 장화 모양을 닮았어요.
나는 프랑스와 붙어 있는 나라 중 하나예요.

나는 어느 나라일까요?

아일랜드

네덜란드

벨기에

덴마크

영국

독일

오스트리아

프랑스

스위스

이탈리아

스페인

포르투갈

몰타

시간이 달라요

미국은 땅이 넓어서 지역마다 시간이 각각 달라요.
시애틀과 뉴욕의 시간 차이를 보고
아래 질문에 알맞은 답을 빈칸에 써 보세요.

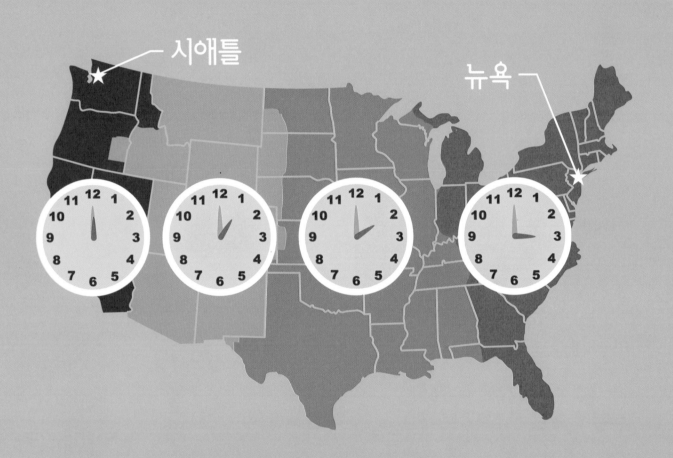

시애틀에 사는 토미가 12시에 뉴욕으로 전화를 걸었어요.
뉴욕은 몇 시일까요?

시

힌트 : 지도의 색깔이 같으면 시간도 같아요.

지도를 색칠해요

우리가 사는 지구에는 7개의 커다란 땅이 있어요.
다음 설명을 읽고 지도를 알맞은 색깔로 색칠해 보세요.

북아메리카를 찾아
파란색으로 색칠해 보세요.

남아메리카를 찾아
주황색으로 색칠해 보세요.

북아메리카

남아메리카

아프리카를 찾아 노란색으로 색칠해 보세요.
유럽을 찾아 빨간색으로 색칠해 보세요.
아시아를 찾아 보라색으로 색칠해 보세요.
오세아니아를 찾아 초록색으로 색칠해 보세요.
남극을 찾아 하늘색으로 색칠해 보세요.

유럽

아시아

아프리카

오세아니아

남극

그림자 주인 찾기

동물들의 그림자가 뒤죽박죽 겹쳐 있어요.
각 그림자에 알맞은 동물을 아래에서 모두 찾아 ⭕ 하세요.

네모를 찾아요

아래에서 네모를 모두 찾아 개수를 세어 보고
빈칸에 알맞은 숫자를 써 보세요.

개

꼭 필요해요

다른 생물과 마찬가지로 사람이 살아가기 위해서는
반드시 필요한 것들이 있어요.
다음 중 없어선 안 되는 것을 모두 찾아 ⭕ 하세요.

음식   물   장난감

공기   자전거   텔레비전

환경을 보호해요

환경을 보호할 수 있는 다양한 방법이 있어요.
다음 중 잘못된 행동을 찾아 ○ 하세요.

쓰레기는
쓰레기통에 버려요.

산에 나무를
심어요.

다 쓴 우유팩을
재활용해요.

쓰레기를
길에 버려요.

교통 표지판 배우기

도로에는 위험을 알려 주는 다양한 표지판이 있어요.
다음 중 자전거를 타고 갈 수 없음을 나타내는
표지판을 찾아 ◯ 하세요.

→ 언어 ←

끝나는 글자 쓰기

동물의 이름에서 마지막 글자가 사라졌어요.
각 동물의 이름을 생각해 보고 사라진 글자를 빈칸에 써 보세요.

토 ☐

하 ☐

달팽 ☐

돼 ☐

코끼 ☐

올바른 낱말 찾기

같은 줄에 있는 두 낱말 중 바르게 쓴
과일 이름을 찾아 ◯ 하세요.

배  베

래몬  레몬

사과  사궈

포두 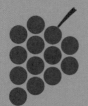 포도

바나나  버나나

운동 이름 쓰기

지원이는 다양한 운동을 좋아해요.
각 운동에 알맞은 이름을 아래에서 찾아 빈칸에 써 보세요.

수영   하키   축구   스키

동물 이름 완성하기

동물 이름에서 글자 하나가 사라졌어요.
아래에서 사라진 글자를 찾아 빈칸에 써 보세요.

고 □ 이

□ 룩말

호랑 □

□ 구리

이 얼 너 양

뒤죽박죽 악기 이름

악기 이름의 글자 순서가 뒤죽박죽 섞여 있어요.
다음 악기의 이름을 바르게 빈칸에 써 보세요.

타 기

팔 나

버 탬 린

노 피 아

바 린 이 올

뒤죽박죽 채소 이름

채소 이름의 글자 순서가 뒤죽박죽 섞여 있어요.
다음 채소의 이름을 바르게 빈칸에 써 보세요.

 파 양

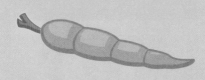 근 당

 배 추 양

 토 토 마

 리 로 브 콜

색깔 이름 맞히기

지민이는 크레용에 색깔 이름표를 붙이려고 해요.
각 크레용에 알맞은 이름표를 찾아 선으로 이어 보세요.

빨간색

초록색

보라색

노란색

파란색

주황색

우리 몸 이름 알기

우리 몸에는 몸속에 있어서 눈으로 볼 수 없는 곳이 있어요.
다음 중 몸속에 있는 부위를 나타내는 낱말을 모두 찾아 ◯ 하세요.

눈썹

뇌

심장

손가락

뼈

머리카락

명사를 배워요

사람이나 사물의 이름을 나타내는 말을 명사라고 해요.
다음 중 명사를 모두 찾아 ◯ 하세요.

예쁘다

사과

바다

작다

의사

웃다

느리다

토끼

동사를 배워요

사람이나 사물의 동작이나 움직임을 나타내는 말을 동사라고 해요.
다음 중 동사를 모두 찾아 ◯ 하세요.

강아지

말하다

먹다

인형

달리다

자동차

크레파스

뛰다

행동을 나타내는 말

쥐들이 각각 다양한 행동을 하고 있어요.
어떤 행동을 하는지 잘 보고 알맞은 말을 찾아 선으로 이어 보세요.

 • • 걷다

 • • 뛰다

 • • 웃다

 • • 울다

반대말을 찾아요

쥐들이 각각 반대로 행동하고 있어요.
아래에서 알맞은 반대말을 찾아 빈칸에 써 보세요.

크다

날씬하다

뚱뚱하다   작다

낱말 퍼즐 맞추기

각 퍼즐에 쓰인 낱말 중 2개를 더해
새로운 낱말이 되도록 선으로 이어 보세요.

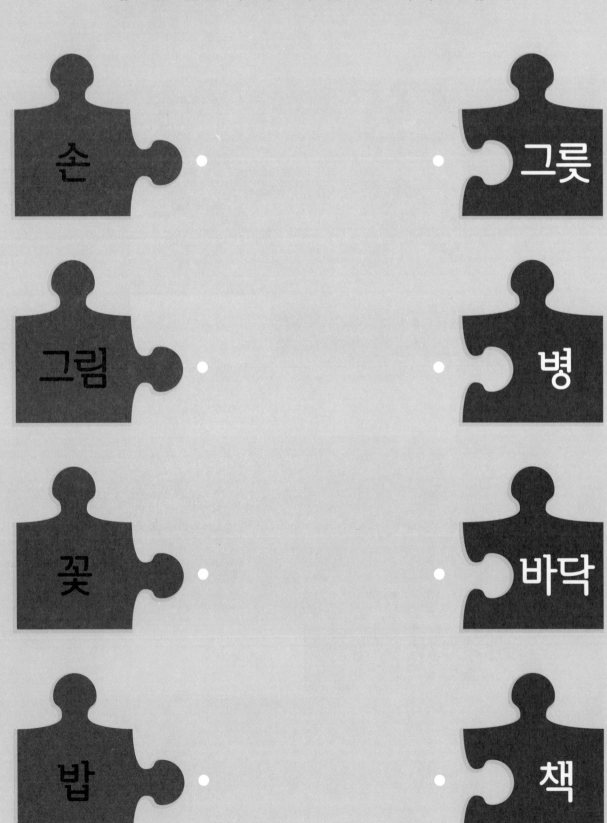

새로운 낱말 만들기

아래에 쓰인 낱말 중 2개를 더해
각 그림에 알맞은 새로운 낱말을 만들고 빈칸에 써 보세요.

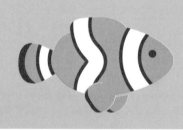

눈 거미 책 물
고기 가방 줄 사람

받침 있는 낱말 찾기

다음 중 받침이 있는 글자로만 이루어진 낱말이 쓰인
별을 모두 찾아 노란색으로 색칠해 보세요.

높임말 찾기

친구와는 달리 어른께 말할 때에는 높임말을 써야 해요.
다음 중 높임말이 쓰인 달걀을 모두 찾아 초록색으로 색칠해 보세요.

진지

밥

생일

생신

자다

주무시다

말씀하시다

말하다

주다

드리다

어울리지 않는 낱말

각 깃털에는 서로 비슷한 특징을 가진 낱말이 모여 있어요.
다음 중 성격이 다른 낱말을 찾아 ◯ 하세요.

식탁
연필
필통
지우개

딸기
자동차
사과
포도

토끼
나무
원숭이
사자

계절에 어울리는 말

우리나라의 봄, 여름, 가을, 겨울은 특징이 뚜렷해요.
다음 설명에 알맞은 계절을 아래에서 찾아 빈칸에 써 보세요.

눈이 펑펑 내리고
날씨가 아주 추워요.

새싹이 돋아나고
예쁜 꽃들이 피어요.

날씨가 아주 더워서
땀이 뻘뻘 나요.

울긋불긋 단풍이 들고
날씨가 선선해요.

봄 여름 가을 겨울

이름이 같은 낱말

낱말 중에는 이름은 같지만 뜻이 다른 것들이 있어요.
다음 중 이름이 같은 낱말을 찾아 선으로 이어 보세요.

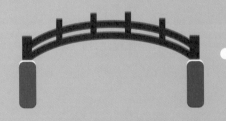

뜻이 같은 낱말

낱말 중에는 이름은 다르지만 뜻이 같은 것들이 있어요.
다음 중 뜻이 같은 낱말을 찾아 선으로 이어 보세요.

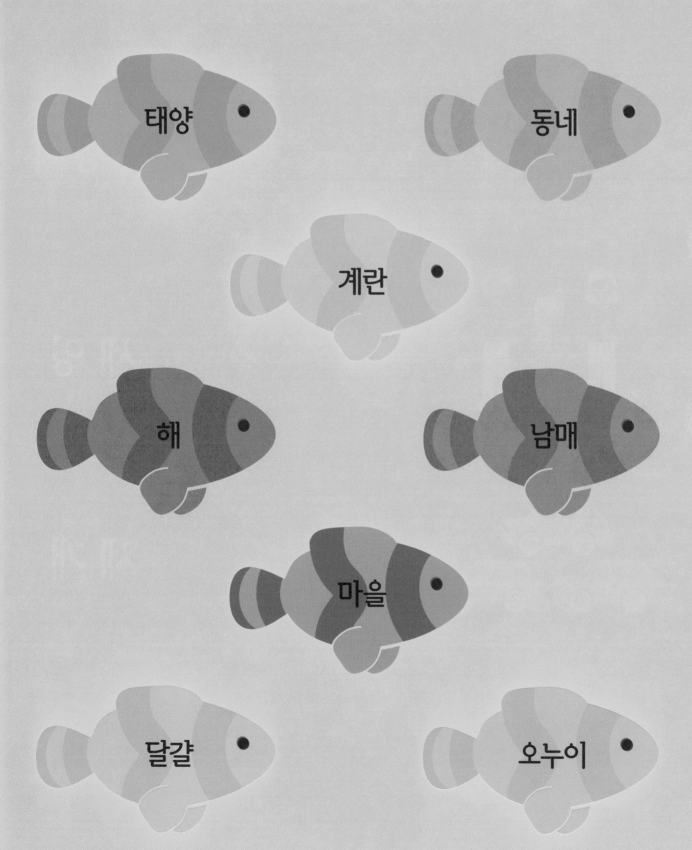

태양

동네

계란

해

남매

마을

달걀

오누이

수 세는 말 익히기

어떤 사물이냐에 따라 수를 세는 단위가 각각 달라요.
다음 그림의 개수를 바르게 센 말을 찾아 선으로 이어 보세요.

 · · 세 송이

 · · 세 명

 · · 세 개

 · · 세 대

어떻게 셀까요?

각 물건의 세는 단위를 바르게 표현한 것을 찾아
빈칸에 ◯ 하세요.

연필 다섯 자루

연필 다섯 장

책 여섯 권

책 여섯 포기

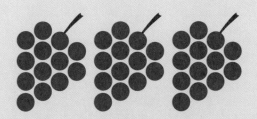

포도 세 켤레

포도 세 송이

나무 두 그루

나무 두 명

맛을 표현하는 말

음식은 저마다 고유한 맛을 내요.
각 음식의 맛을 나타내는 알맞은 말을 찾아 선으로 이어 보세요.

· · 쓰다

· · 달다

· · 시다

· · 맵다

기분을 나타내는 말

우리는 상황에 따라 여러 가지 기분을 느껴요.
아래 얼굴 표정과 어울리는 말을 모두 찾아 ◯ 하세요.

즐겁다   무섭다

화내다   놀라다

슬프다   기쁘다

부끄럽다   행복하다

감각을 나타내는 말

우리 몸에는 보고, 듣고, 만지고, 맛보고, 냄새를 맡는
다섯 가지 감각이 있어요. 각 부위에 해당하는
알맞은 감각을 아래에서 찾아 빈칸에 써 보세요.

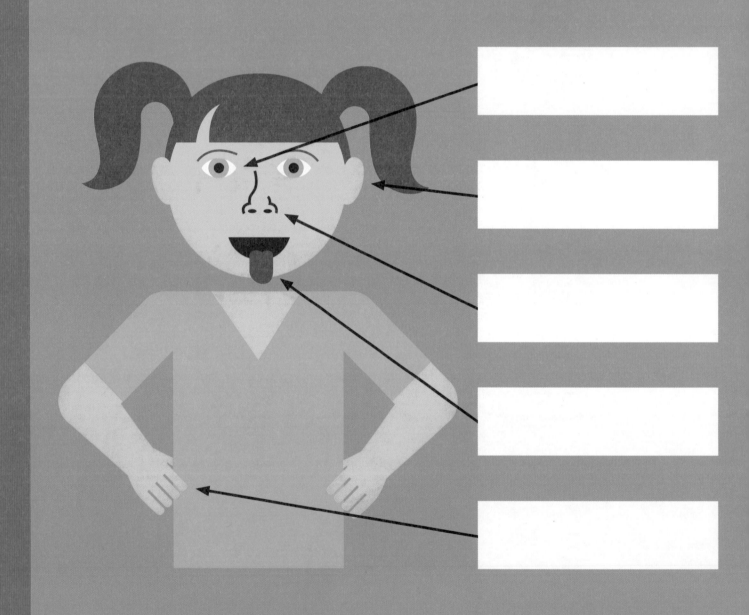

보다   맛보다   만지다
냄새를 맡다   듣다

위치를 알려 주는 말

위치를 나타내는 다양한 낱말이 있어요.
각 원숭이가 어디에 있는지 잘 보고
아래에서 알맞은 말을 찾아 빈칸에 써 보세요.

안 아래 위 밖

이야기 속 의성어

사람이나 사물의 소리를 흉내 낸 말을 의성어라고 해요.
다음 문장의 빈칸에 알맞은 말을 아래에서 찾아 쓰고
이야기를 완성해 보세요.

우리 몸은 소리 상자예요.

배가 고프면 배꼽시계가   울리고,

신이 날 땐   손뼉을 쳐요.

감기에 걸리면   기침도 해요.

배가 콕콕 아플 땐

방귀도   뀌어요.

에취   꼬르륵

뽕   짝짝

이야기 속 의태어

사람이나 사물의 모양 또는 행동을 나타낸 말을 의태어라고 해요.
다음 문장의 빈칸에 알맞은 말을 아래에서 찾아 쓰고
이야기를 완성해 보세요.

토끼와 거북이가 달리기 경주를 해요.

토끼는 ＿＿＿＿＿＿＿ 뛰고,

거북이는 ＿＿＿＿＿＿＿ 기어요.

먼저 도착한 토끼는 나무 밑에서

＿＿＿＿＿＿＿ 낮잠을 자고,

거북이는 땀을 ＿＿＿＿＿＿＿ 흘리며

토끼를 따라가요.

벌벌   엉금엉금

쿨쿨   깡충깡충

말과 말을 이어요

그림을 보고 문장이 자연스럽게 이어지도록
'을' 또는 '를'을 빈칸에 써 보세요.

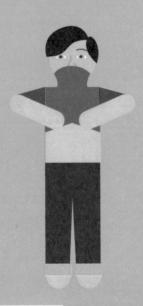

옷 ☐ 입어요.

쓰레기 ☐ 버려요.

피리 ☐ 불어요.

이 ☐ 닦아요.

문장과 문장을 이어요

두 문장이 자연스럽게 이어지도록
아래에서 알맞은 말을 찾아 빈칸에 써 보세요.

배가 많이 고파요.

[   ] 밥을 먹어요.

우리 형은 키가 커요.

[   ] 나는 키가 작아요.

나는 수박을 먹어요.

[   ] 사과도 먹어요.

그러나   그래서   그리고

문장 순서 맞히기

각 그림에 어울리는 바른 문장이 되도록
1부터 3까지 빈칸에 숫자를 써 보세요.

우산을 ☐

진호가 ☐

써요. ☐

해요. ☐

미나가 ☐

농구를 ☐

보세요. ☐

신문을 ☐

아빠께서 ☐

문장을 완성해요

각 그림을 설명하는 문장이 되도록
알맞은 말을 찾아 선으로 이어 보세요.

주희가

민호가

지수가

이를

노래를

자전거를

불러요

닦아요

타요

대화를 완성해요

질문에 어울리는 대답을 할 때 대화를 완성할 수 있어요.
다음 중 어울리는 대화를 찾아 선으로 이어 보세요.

지금
몇 시니?

9시
30분이야.

무엇을
샀니?

할머니 댁에
가고 있어.

어디에
가니?

모자를
샀어.

→ 받아쓰기 ←

틀린 낱말 찾기

내 짝꿍의 받아쓰기 시험지예요.
바르게 쓴 낱말에는 ◯, 틀리게 쓴 낱말에는 ✕ 하세요.

겨을	의자
무지게	벌래
부엌	표도
나뭇입	주사위

틀린 낱말 고쳐쓰기

아래 그림과 낱말을 보고 틀리게 쓴 글자를
바르게 고쳐서 빈칸에 써 보세요.

 양발

 꼳

 되지

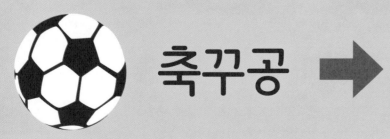 축꾸공

올바른 낱말 따라가기

젖소는 낱말이 바르게 쓰인 칸으로만 갈 수 있어요.
젖소가 집에 도착할 수 있도록 선을 그어 보세요.

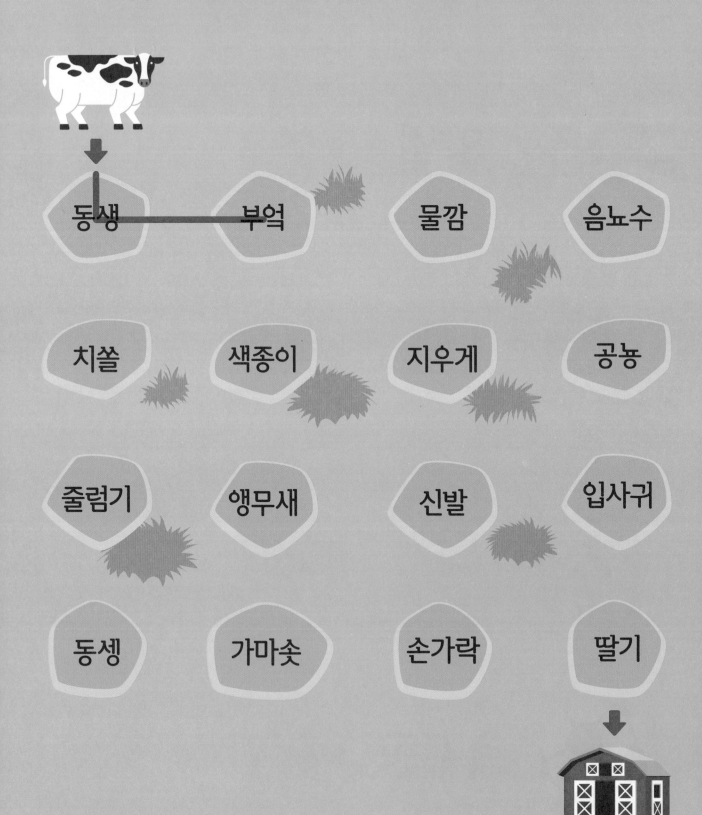

동생   부엌   물깜   음뇨수

치쏠   색종이   지우게   공뇽

줄럼기   앵무새   신발   입사귀

동생   가마솟   손가락   딸기

낱말 정글짐 통과하기

바르게 쓴 낱말을 따라가면 정글짐을 통과할 수 있어요.
시작부터 끝까지 올바른 낱말을 따라 선을 그어 보세요.

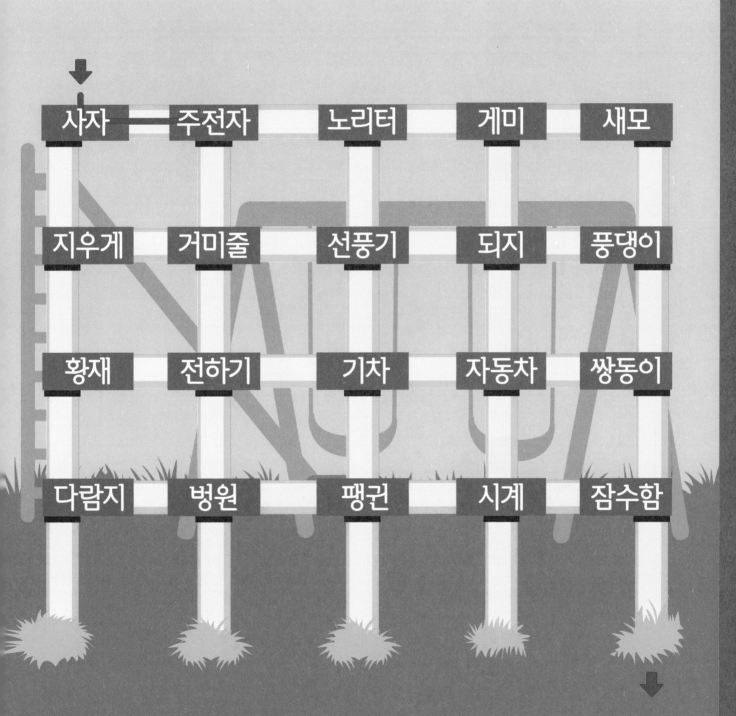

사자	주전자	노리터	게미	새모
지우게	거미줄	선풍기	되지	풍댕이
황재	전하기	기차	자동차	쌍동이
다람지	병원	팽귄	시계	잠수함

두 글자 낱말 쓰기 1

두 글자로 이루어진 낱말들이에요.
빈칸에 바르게 따라 쓰고 큰 소리로 읽어 보세요.

가	방

나	무

우	산

학	교

두 글자 낱말 쓰기 2

두 글자로 이루어진 낱말들이에요.
빈칸에 바르게 따라 쓰고 큰 소리로 읽어 보세요.

거	미

사	자

우	유

포	도

세 글자 낱말 쓰기 1

세 글자로 이루어진 낱말들이에요.
빈칸에 바르게 따라 쓰고 큰 소리로 읽어 보세요.

아	버	지

어	머	니

자	전	거

태	극	기

세 글자 낱말 쓰기 2

세 글자로 이루어진 낱말들이에요.
빈칸에 바르게 따라 쓰고 큰 소리로 읽어 보세요.

거	북	이

자	동	차

숟	가	락

피	아	노

틀린 문장 고쳐쓰기

아래 문장에서 빨간색으로 쓴 낱말은 맞춤법이 틀렸어요.
틀린 낱말을 바르게 고쳐서 아래 칸에 문장을 다시 써 보세요.

그	내	를	∨	타	요	.
			∨			

책	꼬	지	에	∨	있	어	요	.
				∨				

지	우	게	로	∨	지	워	요	.
				∨				

여	름	∨	방	악	이	에	요	.
		∨						

인사말 따라 쓰기

부모님께 어떻게 인사해야 할까요?
아래 인사말을 따라 쓰고 큰 소리로 읽어 보세요.

다	녀	왔	습	니	다	.

잘	∨	먹	겠	습	니	다	.
	∨						

안	녕	히	∨	주	무	세	요	.
			∨					

안	녕	히	∨	다	녀	오	세	요	.
			∨						

고양이는 야옹야옹

동물은 저마다 고유한 울음소리를 내요.
아래 그림을 보고 알맞은 울음소리를 따라 써 보세요.

배가 고픈 고양이가

| 야 | 옹 | 야 | 옹 | 울어요.

귀여운 강아지가

| 멍 | 멍 | 짖어요.

무서운 호랑이가

| 어 | 흥 | 울어요.

구급차는 삐뽀삐뽀

다양한 탈것이 도로를 쌩쌩 달리며 소리를 내요.
아래 그림을 보고 알맞은 소리를 따라 써 보세요.

바쁜 구급차가

| 삐 | 뽀 | 삐 | 뽀 |

달려요.

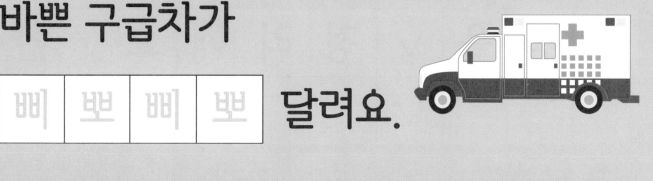

커다란 버스가

| 부 | 릉 | 부 | 릉 |

달려요.

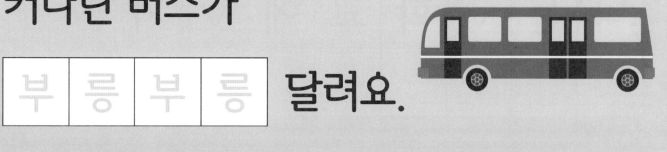

빨간 소방차가

| 애 | 앵 | 애 | 앵 |

달려요.

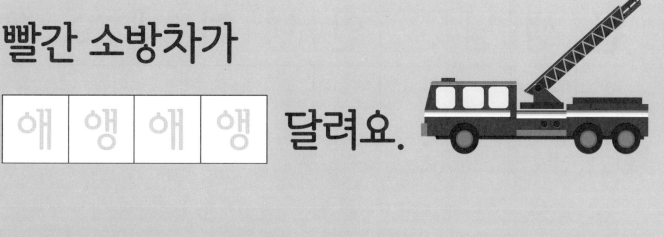

문장을 따라 써요

띄어쓰기와 맞춤법에 주의하면서
긴 문장을 바르게 따라 써 보세요.

책	상	을	∨	정	리	해	요	.
			∨					

나	는	∨	학	교	에	∨	가	요	.
		∨				∨			

선	생	님	,	안	녕	하	세	요	?

힘이 ∨ 가장 ∨ 세요.

사이좋게 ∨ 지내요.

아침 ∨ 인사를 ∨ 해요.

비 ∨ 오는 ∨ 날이에요.

문장 부호 익히기

문장 부호는 문장의 뜻을 이해하기 쉽도록 도와주는 표시예요.
다음 설명을 읽어 보고 아래에서 문장 부호의 알맞은
이름을 찾아 빈칸에 써 보세요.

나는 문장의
가장 끝에 써요.

나는 부르는 말
뒤에 써요.

나는 느낌을 나타내는
문장의 끝에 써요.

나는 물어보는 문장의
끝에 써요.

물음표(?)   온점(.)
느낌표(!)   반점(,)

문장 부호 맞히기

다음 문장을 소리 내어 읽어 보고
아래에서 알맞은 문장 부호를 찾아 빈칸에 써 보세요.

오늘은 내 생일이에요 ☐

이것은 얼마입니까 ☐

꽃이 정말 아름답구나 ☐

지훈아 ☐ 어디 가니 ☐

. , ! ?

친구 이름 쓰기

다음 액자에 친구들의 얼굴을 그려 보고
빈칸에 친구들의 이름을 써 보세요.

→ 창의수학 ←

수의 규칙 추리하기

위로 한 칸씩 올라갈 때마다 수가 일정하게 커지는 사다리가 있어요.
각 사다리마다 수가 얼마씩 커지는지 생각해 보고
빈칸에 알맞은 숫자를 써 보세요.

14	25	35	21
12	21	30	18
10	17	25	15
8	13	20	12
6	9	15	9
4	5	10	6
2	1	5	3

2			

수의 순서 따라가기

돼지는 수의 순서대로 길을 가야만 집에 도착할 수 있어요.
돼지가 집에 가는 길을 따라 선을 그어 보세요.

가장 적은 수 찾기

나무에 달린 사과의 개수를 세고 빈칸에 알맞은 숫자를 써 보세요.
사과가 가장 적게 달린 나무의 동그라미에 색칠해 보세요.

가장 많은 수 찾기

민지는 공원에서 동물들을 본 횟수를 적었어요.
민지가 3일 동안 가장 많이 본 동물을 아래에서 찾아 ◯ 하세요.

	월요일	화요일	수요일
파랑새	2	1	4
강아지	3	1	4
나비	4	3	2
다람쥐	3	4	1

두 자릿수 만들기

숫자 카드를 한 번씩만 사용해 두 자릿수를 만들려고 해요.
아래 카드 중 2장을 골라서 가장 큰 수와 가장 작은 수를 만들고
빈칸에 숫자를 써 보세요.

가장 큰 수 ☐ ☐

가장 작은 수 ☐ ☐

두 수 비교하기

아름이와 진수는 카드놀이를 하고 있어요.
같은 줄에 있는 카드 중
더 큰 숫자가 쓰인 카드를 찾아 ◯ 하세요.

아름	진수
57	62

아름	진수
83	85

아름	진수
99	94

얼마일까요?

아래 동전들을 모두 합하면 얼마일지 생각해 보고
빈칸에 알맞은 동전의 합을 써 보세요.

원

의자 가격 비교하기

소영이와 선미는 예쁜 의자 가게에 왔어요.
소영이는 가장 비싼 의자를, 선미는 가장 싼 의자를 골랐어요.
소영이가 고른 의자에는 ◯, 선미가 고른 의자에는 ✕ 하세요.

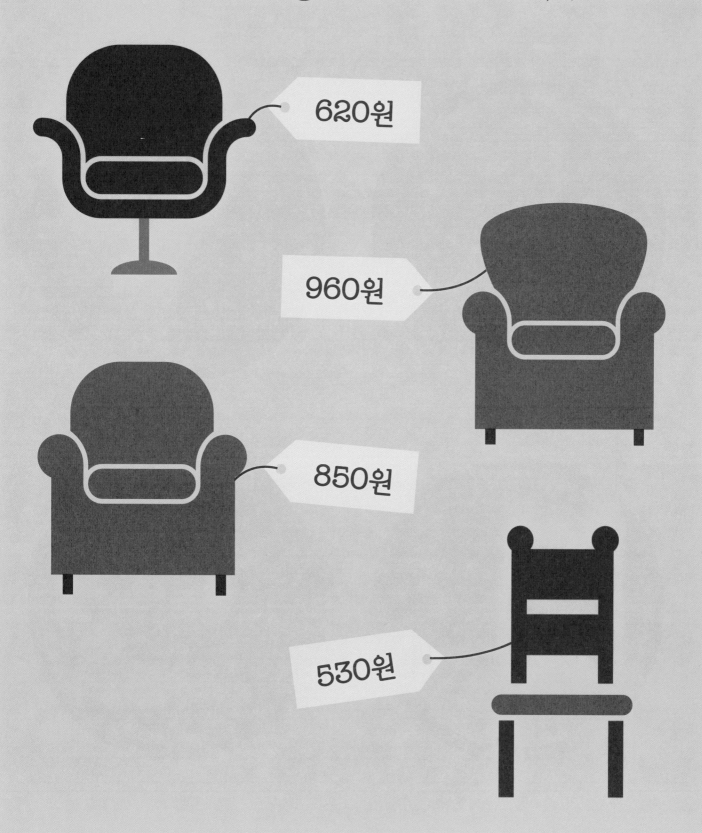

620원

960원

850원

530원

똑같이 남았어요

즐거운 파티가 끝나고 피자가 조금씩 남았어요.
다음 중 먹은 피자 조각과 남은 피자 조각의
수가 같은 것을 찾아 ◯ 하세요.

반으로 나눠요

아래 그림을 보고 각 호수에 있는 오리 수가
반으로 나뉘도록 원으로 묶어 보세요.

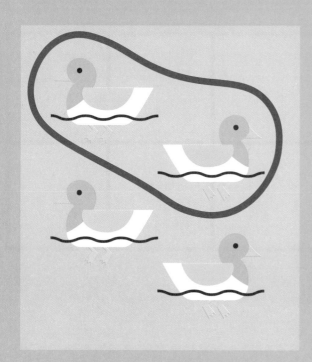

같은 양만큼 색칠하기 1

아래 피클 그림을 보고 베어 먹은 피클의 수만큼
오른쪽 빈칸을 초록색으로 색칠해 보세요.

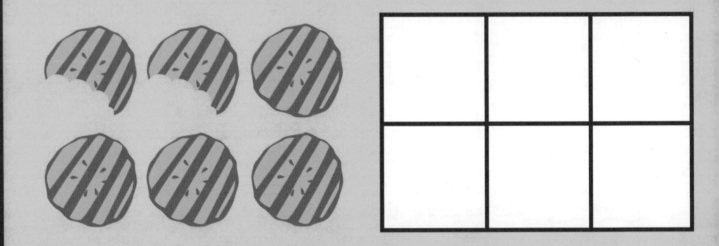

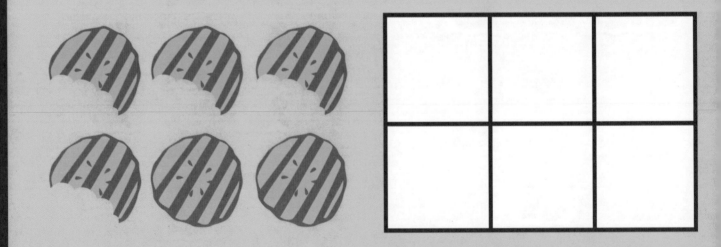

같은 양만큼 색칠하기 2

아래 바나나 그림을 보고 껍질이 벗겨진 바나나의 수만큼
오른쪽 빈칸을 노란색으로 색칠해 보세요.

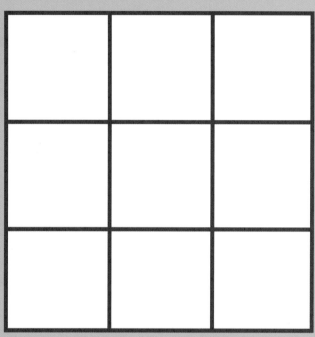

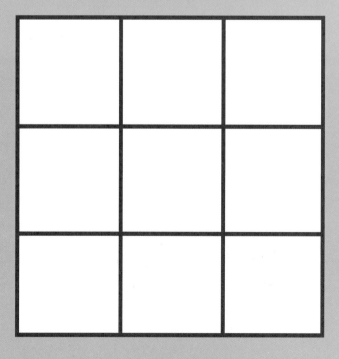

누가 더 무거울까요?

톤은 아주 무거운 무게를 나타내는 단위예요.
커다란 바다 동물은 몸집만큼 무게도 많이 나가요.
각 바다 동물에 알맞은 무게를 찾아 선으로 이어 보세요.

백상아리

4톤

흰긴수염고래

15톤

고래상어

150톤

누가 더 오래 살까요?

진호는 동물 사전을 보고 다양한 동물의 수명을 적었어요.
각 문제에 알맞은 답을 아래에서 찾아 빈칸에 써 보세요.

어떤 동물이 가장 오래 사나요?

사자는 돼지보다 몇 년 더 오래 사나요?   년

	동물	수명
	코끼리	70년
	거북	100년
	강아지	12년
	돼지	10년
	사자	15년

측정 도구 구별하기

어떤 사물의 무엇을 재느냐에 따라 측정하는 도구도 달라요.
다음 중 연필 길이를 잴 때 사용하는 도구에는 〇,
사과 무게를 잴 때 사용하는 도구에는 ✕ 하세요.

양팔저울

돋보기

계산기

자

알맞은 단위 찾기

성주는 다양한 사물의 양, 길이, 무게를 재려고 해요.
각 사물에 어울리는 단위를 아래에서 찾아 빈칸에 써 보세요.

주스의 양을 잴 때는

를 사용해요.

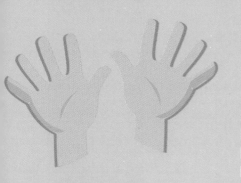

손가락의 길이를 잴 때는

를 사용해요.

토마토의 무게를 잴 때는

을 사용해요.

그램(g) 리터(ℓ) 센티미터(cm)

사람 수 비교하기

아래 4개 나라는 세계에서 인구가 가장 많은 곳이에요.
막대 그림을 보고 사람 수가 가장 많은 나라가 1이 되도록
1부터 4까지 빈칸에 숫자를 써 보세요.

힌트 : 막대의 길이가 길수록 사람 수가 많아요.

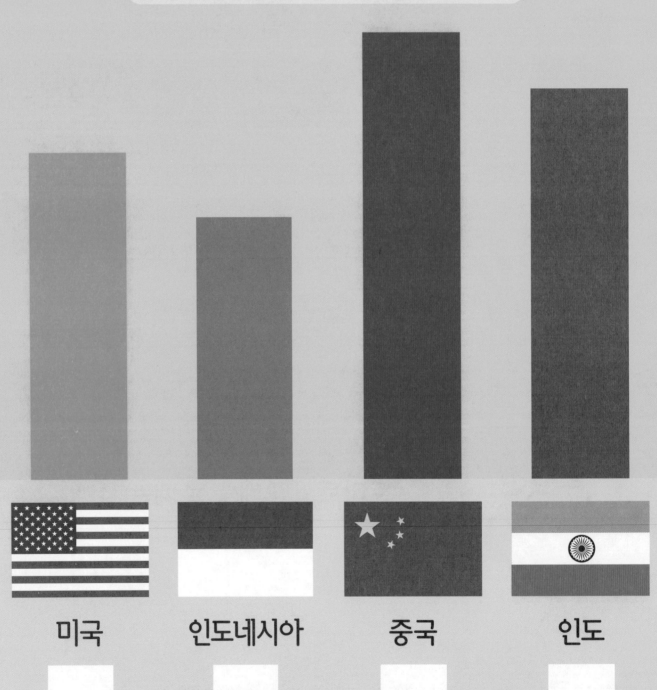

미국	인도네시아	중국	인도

새우 길이 측정하기

아래 자를 이용해 각 새우의 길이를 재고
길이가 9센티미터인 새우에는 ◯,
5센티미터인 새우에는 ✕ 하세요.

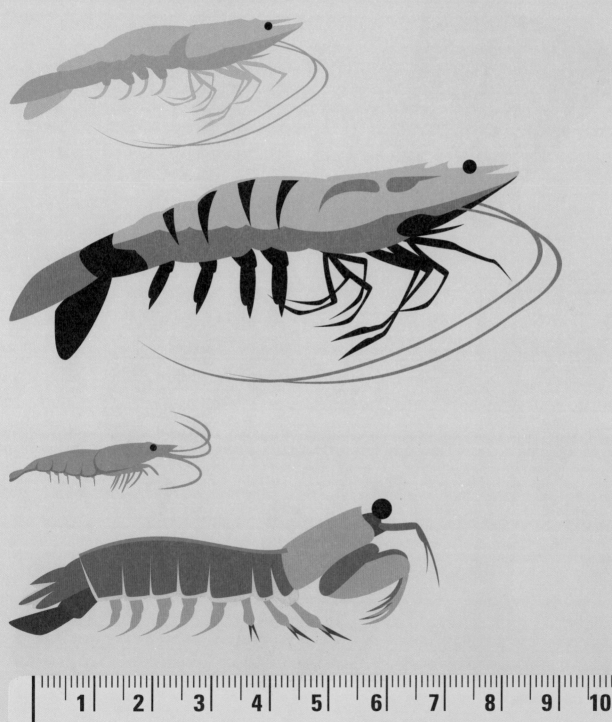

똑같은 모양 찾기

다음 중 크기와 생김새가 서로 같은 모양
2개를 찾아 ◯ 하세요.

모양 짝꿍 찾기

아래에서 두 모양을 합쳐 네모를 만들 수 있는
짝을 찾아 선으로 이어 보세요.

입체 도형 연상하기

왼쪽 모양을 보고 연상되는 입체 도형과 생김새가 같은
사물을 찾아 선으로 이어 보세요.

사물 속 모양 찾기

우리 주변의 모든 사물은 특정한 모양이 있어요.
왼쪽 사물을 보고 비슷한 모양을 찾아 선으로 이어 보세요.

숨은 모양 찾기

아래 보트에 숨어 있는 세모, 네모, 동그라미의 개수를 세어 보고
빈칸에 알맞은 숫자를 써 보세요.

세모 [ ] 개

네모 [ ] 개

동그라미 [ ] 개

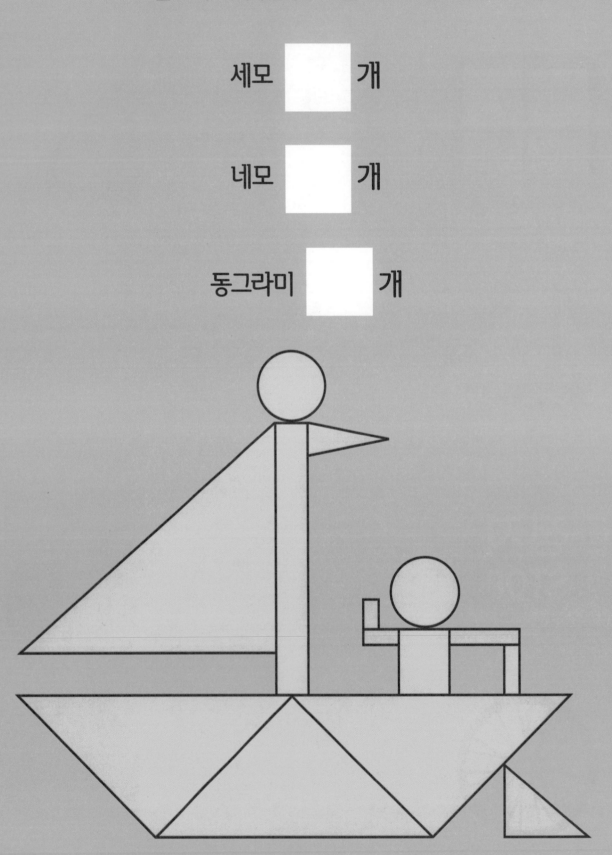

→ 덧셈, ←
뺄셈

60, 70, 80 배우기

다음 동그라미의 개수를 세고 큰 소리로 읽어 보세요.
그리고 숫자를 따라 써 보세요.

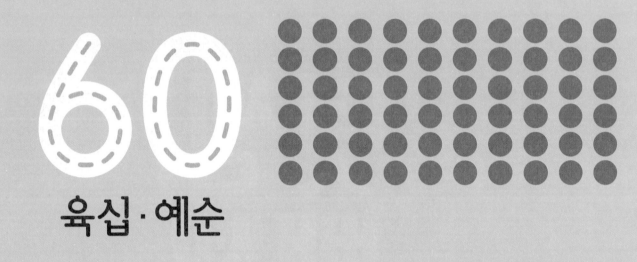

60
육십 · 예순

70
칠십 · 일흔

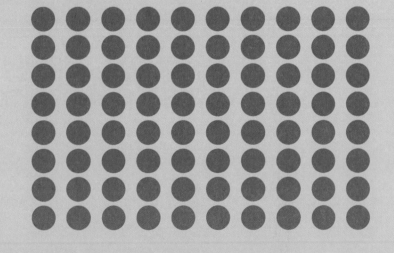

80
팔십 · 여든

90, 100 배우기

다음 동그라미의 개수를 세고 큰 소리로 읽어 보세요.
그리고 숫자를 따라 써 보세요.

구십 · 아흔

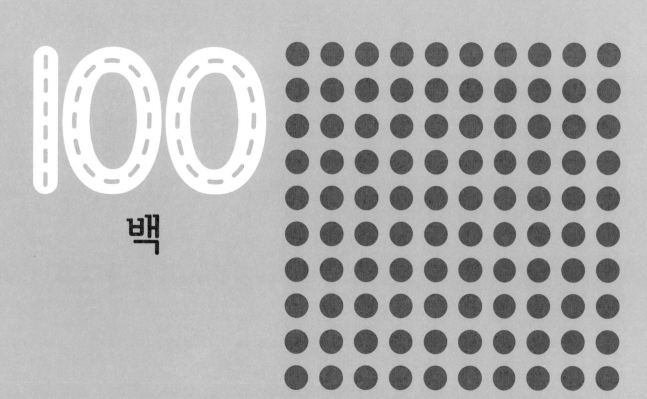

백

수 이름 익히기 1

각 숫자에 알맞은 낱말을 찾아 선으로 이어 보세요.

10 •   • 열

20 •   • 쉰

30 •   • 마흔

40 •   • 스물

50 •   • 서른

수 이름 익히기 2

각 숫자에 알맞은 낱말을 찾아 선으로 이어 보세요.

60 •　　　• 여든

70 •　　　• 예순

80 •　　　• 백

90 •　　　• 일흔

100 •　　　• 아흔

빠진 숫자 채우기

원 안에 쓰인 숫자를 잘 보고
앞과 뒤의 빈칸에 빠진 숫자를 써 보세요.

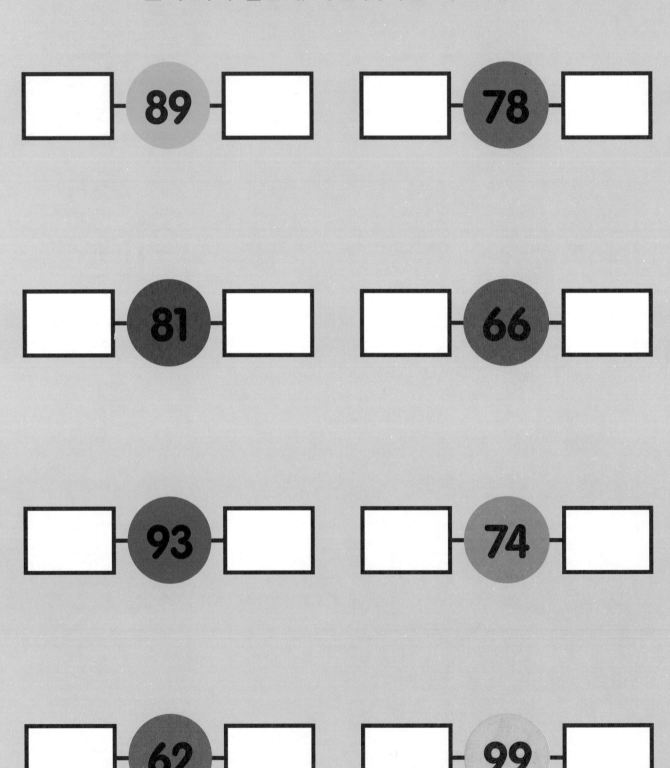

100까지 수 쓰기

60부터 100까지 차례로 수를 세면서
빈칸에 알맞은 숫자를 써 보세요.

60	61				
					100

0을 배워요 영

연못에 오리 2마리가 놀고 있었어요.
조금 후에 1마리가 사라지더니 나중엔 아무도 남지 않았어요.
이처럼 셀 수 있는 사물이 없는 것을 '0'이라고 해요.

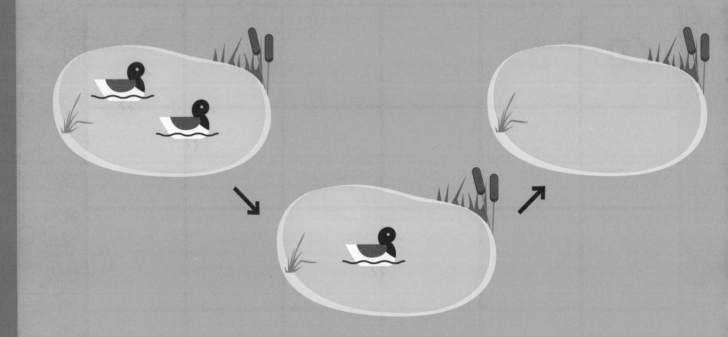

아래의 숫자 0을 따라 쓰고 큰 소리로 읽어 보세요.

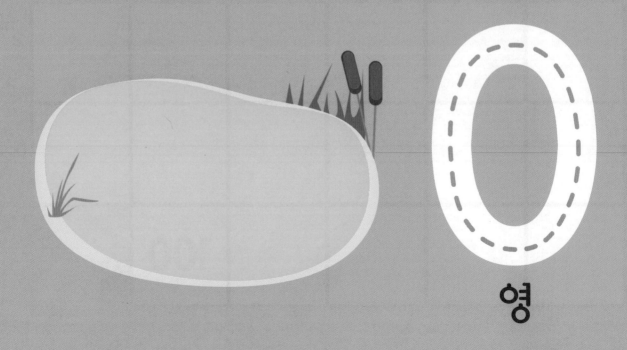

영

0의 개수 세기

다음 수의 이름을 큰 소리로 따라 읽어 보세요.
각 수에 있는 0의 개수를 세고
알맞은 숫자를 빈칸에 써 보세요.

10 십 ☐ 개

100 백 ☐ 개

1000 천 ☐ 개

10000 만 ☐ 개

덧셈 미로 통과하기

양은 답이 15인 길로만 지나갈 수 있어요.
아래 덧셈을 해 보고 양이 지나가는
칸을 따라 선을 그어 보세요.

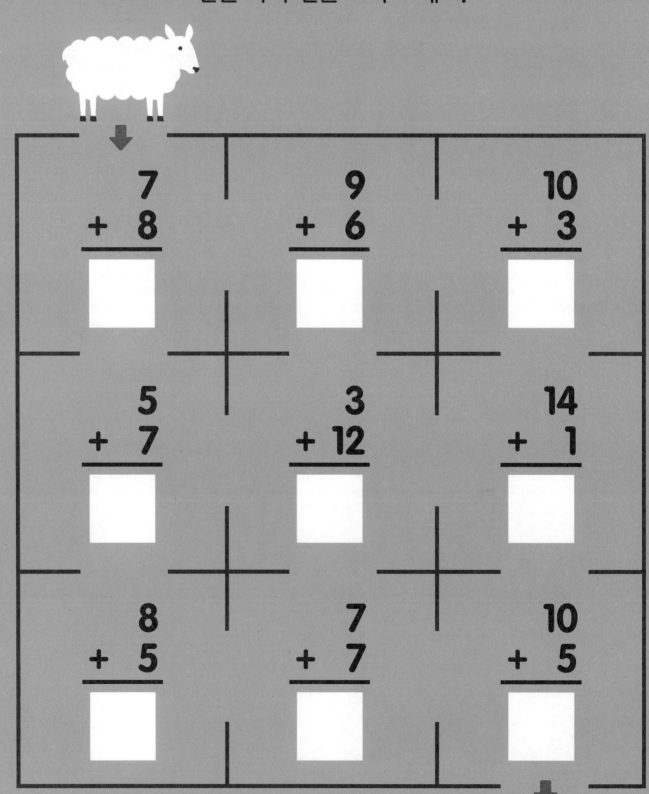

7 + 8	9 + 6	10 + 3
5 + 7	3 + 12	14 + 1
8 + 5	7 + 7	10 + 5

뺄셈 미로 통과하기

딱정벌레는 답이 4인 길로만 지나갈 수 있어요.
아래 뺄셈을 해 보고 딱정벌레가 지나가는
칸을 따라 선을 그어 보세요.

5를 따라가요

개구리는 답이 5인 잎으로만 지나갈 수 있어요.
아래 덧셈과 뺄셈을 해 보고 개구리가 지나가는
잎을 따라 선을 그어 보세요.

$$
\begin{array}{r} 7 \\ -\ 2 \\ \hline \end{array}
\qquad
\begin{array}{r} 13 \\ -\ 2 \\ \hline \end{array}
\qquad
\begin{array}{r} 7 \\ -\ 3 \\ \hline \end{array}
$$

$$
\begin{array}{r} 2 \\ +\ 3 \\ \hline \end{array}
\qquad
\begin{array}{r} 6 \\ -\ 1 \\ \hline \end{array}
\qquad
\begin{array}{r} 11 \\ -\ 5 \\ \hline \end{array}
$$

$$
\begin{array}{r} 2 \\ +\ 4 \\ \hline \end{array}
\qquad
\begin{array}{r} 8 \\ -\ 3 \\ \hline \end{array}
\qquad
\begin{array}{r} 10 \\ -\ 5 \\ \hline \end{array}
$$

10을 따라가요

아기 돼지는 답이 10인 웅덩이로만 지나갈 수 있어요.
아래 덧셈과 뺄셈을 해 보고 아기 돼지가 지나가는
웅덩이를 따라 선을 그어 보세요.

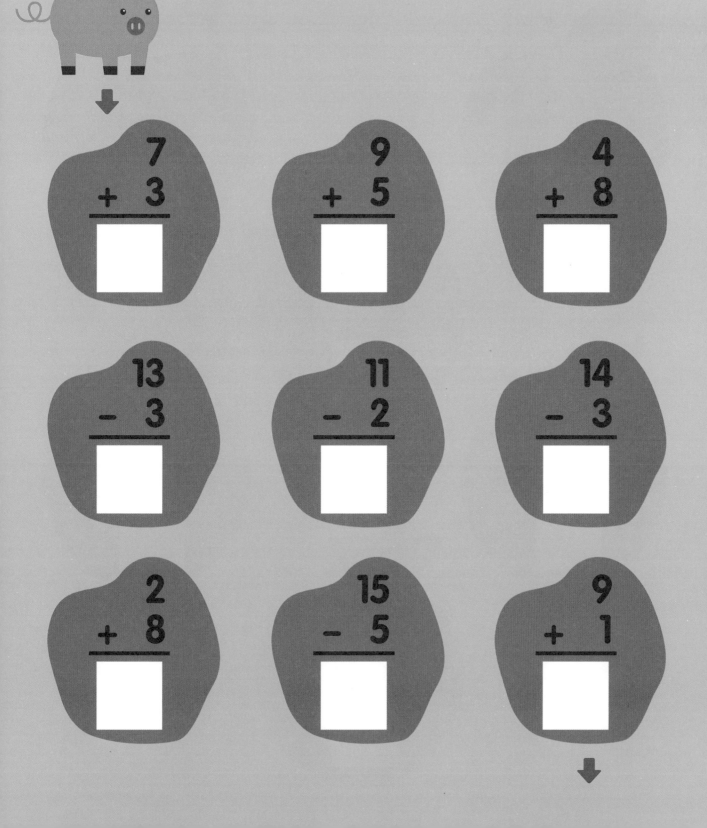

$$7 + 3$$

$$9 + 5$$

$$4 + 8$$

$$13 - 3$$

$$11 - 2$$

$$14 - 3$$

$$2 + 8$$

$$15 - 5$$

$$9 + 1$$

8보다 작은 수 찾기

다음 사과에 쓰인 덧셈과 뺄셈을 해 보고
답이 8보다 작은 수인 사과를 모두 찾아 ○ 하세요.

5보다 큰 수 찾기

다음 곰돌이 얼굴에 쓰인 덧셈과 뺄셈을 해 보고
답이 5보다 큰 수인 곰돌이를 모두 찾아 ◯하세요.

$$10 - 6$$

$$7 - 5$$

$$4 + 4$$

$$15 - 9$$

$$3 + 5$$

$$9 - 6$$

덧셈과 뺄셈 만들기

냄비 속에 들어 있는 숫자 중 두 수를 더하거나 빼면
냄비에 쓰인 수가 나와요.
알맞은 두 수를 냄비 속에서 찾아 빈칸에 써 보세요.

| | + | | = 10 | | | − | | = 8 |

| | − | | = 4 | | | + | | = 14 |

정답이 쓰인 집 찾기

다음 덧셈과 뺄셈을 해 보고 알맞은 답이 쓰인
집을 찾아 선으로 이어 보세요.

4 + 2 = ⬜ •

6

8 + 6 = ⬜ •

13 - 3 = ⬜ •

10

9 - 3 = ⬜ •

5 + 5 = ⬜ •

14

15 - 1 = ⬜ •

그림으로 계산하기

시연이는 컵케이크를 이용해 덧셈과 뺄셈을 공부해요.
다음 중 올바르지 않은 식을 찾아 ◯ 하세요.

알맞은 식 연결하기

예원이는 바다 동물로 덧셈과 뺄셈식을 만들었어요.
각 그림에 알맞은 덧셈과 뺄셈을 찾아 선으로 이어 보세요.

$6 - 2 = 4$

$5 - 3 = 2$

$4 + 2 = 6$

$3 + 2 = 5$

나뭇잎 식 계산하기

각 나뭇잎에 쓰인 세 수의 덧셈을 해 보고
알맞은 답을 찾아 선으로 이어 보세요.

3 + 1 + 2 •   • **6**

1 + 4 + 5 •   • **8**

2 + 5 + 1 •   • **10**

5 + 2 + 4 •   • **11**

답이 같은 거북 찾기

각 거북의 등딱지에 쓰인 세 수의 뺄셈을 해 보고
답이 같은 거북 2마리를 찾아 ◯ 하세요.

9 - 1 - 3

5 - 2 - 1

7 - 2 - 1

8 - 4 - 1

6 - 1 - 3

9 - 2 - 1

세 수를 더해요

다음 세 수를 앞에서부터 차례대로 더하고
빈칸에 알맞은 답을 써 보세요.

$3 + 1 + 4 =$

$5 + 2 + 1 =$

$7 + 2 + 1 =$

$3 + 6 + 1 =$

$2 + 8 + 3 =$

$4 + 5 + 6 =$

$8 + 3 + 1 =$

$9 + 4 + 2 =$

세 수를 빼요

다음 세 수를 앞에서부터 차례대로 빼고
빈칸에 알맞은 답을 써 보세요.

$9 - 4 - 2 = $ ☐

$5 - 3 - 1 = $ ☐

$7 - 1 - 4 = $ ☐

$8 - 2 - 3 = $ ☐

$6 - 1 - 1 = $ ☐

$9 - 2 - 2 = $ ☐

$7 - 3 - 1 = $ ☐

$8 - 5 - 2 = $ ☐

덧셈과 뺄셈 완성하기

덧셈과 뺄셈에서 숫자가 하나씩 사라졌어요.
빈칸에 알맞은 숫자를 써 보세요.

$2 + \boxed{} = 8$

$15 - \boxed{} = 12$

$5 + \boxed{} = 9$

$14 - \boxed{} = 7$

$7 + \boxed{} = 15$

→ 과학 ←

물에 뜨는 물건

다음 중 물에 뜨는 것에는 ◯,
물에 가라앉는 것에는 ✕ 하세요.

동전   풍선   장난감 배

나뭇잎   바위

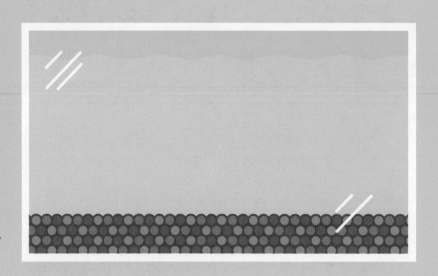

자석에 붙는 물건

자석은 쇠붙이로 된 물건을 끌어당겨요.
다음 중 자석에 붙는 물건을 모두 찾아 ◯ 하세요.

N극과 S극

자석은 N극과 S극으로 이루어져 있어요.
N극과 S극은 서로 달라붙고 같은 극끼리는 밀어내요.

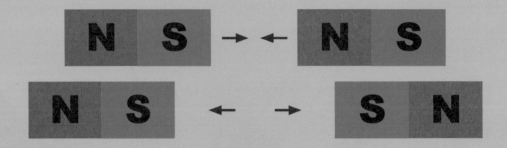

다음 중 서로 밀어내지 않고
일렬로 달라붙는 자석 쌍을 모두 찾아 빈칸에 ◯ 하세요.

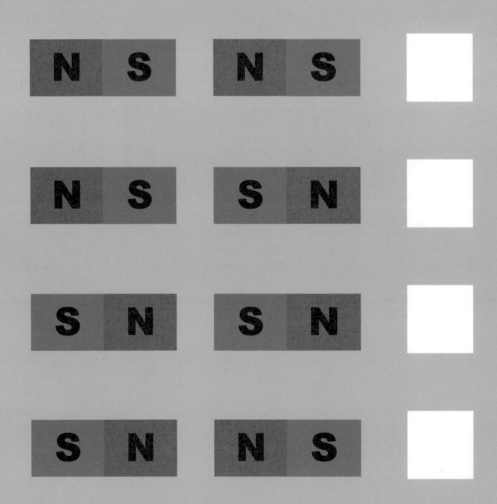

밤에도 잘 보여요

창민이는 핼러윈 데이에 입을 멋진 의상을 만들었어요.
깜깜한 밤에 가장 잘 보이는 옷이 창민이 것이에요.
다음 중 창민이의 옷을 찾아 ◯ 하세요.

엑스레이 사진 찍기

엑스레이 사진을 찍으면 우리 몸속 뼈까지 볼 수 있어요.
각 사진에 해당하는 부위 이름을 찾아 선으로 이어 보세요.

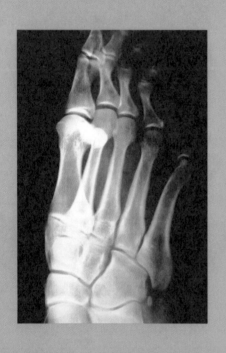

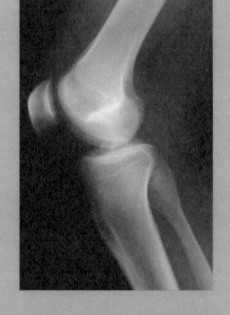

발

목

손

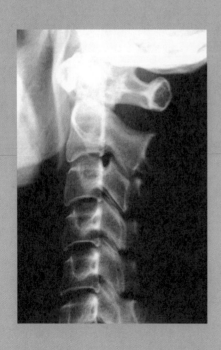

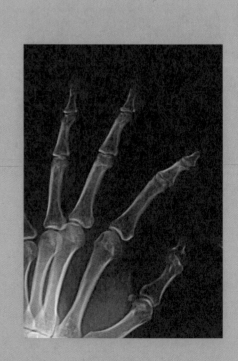

소화를 시켜요

우리가 먹은 음식을 잘게 부수어서
몸속으로 흡수하는 과정을 소화라고 해요.
다음 중 소화를 맡고 있는 기관을 모두 찾아 ◯ 하세요.

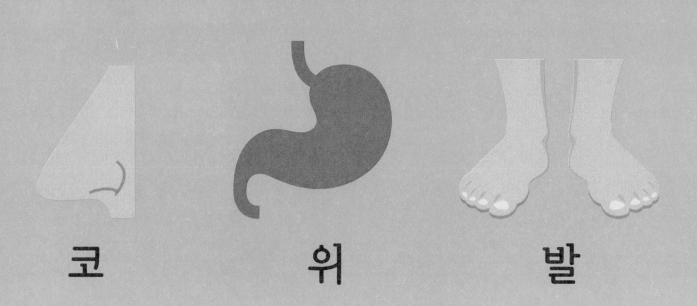

코   위   발

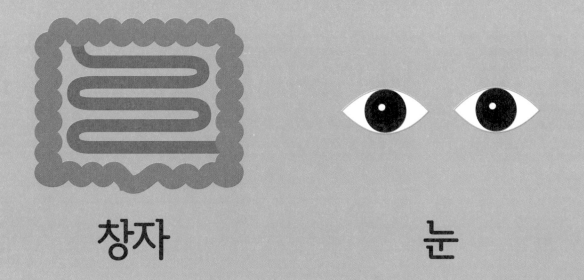

창자   눈

우리 몸이 하는 일

몸속의 기관들은 저마다 다른 일을 해요.
다음 문제를 읽고 알맞은 기관을 아래에서 찾아 빈칸에 써 보세요.

나는 숨을 쉴 때 꼭 필요해요.

나는 쉬지 않고 뛰면서 피를 돌게 해요.

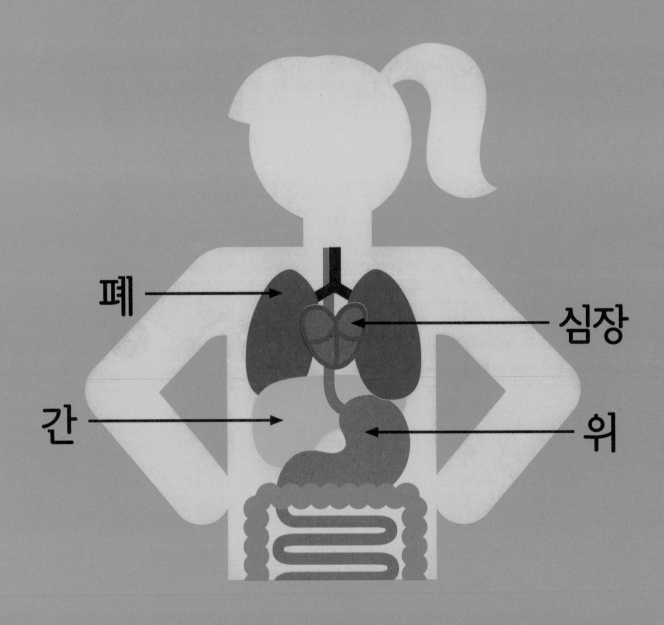

폐

심장

간

위

다섯 가지 감각

음식을 먹을 때 우리 몸은 다섯 가지 감각을 사용해요.
각 부위에 해당하는 감각을 아래에서 찾아 빈칸에 써 보세요.

청각   후각   시각
미각   촉각

생물을 찾아요

동물과 식물처럼 살아 있는 것을 생물이라고 해요.
생물은 숨을 쉬고 영양분을 먹고 몸이 쑥쑥 자라요.
다음 중 살아 있는 생물을 모두 찾아 ◯ 하세요.

로봇

나무

카메라

사탕

파리

풍선

식물의 구조 알기

하나는 식물의 각 부분에 해당하는 이름표를 붙이려고 해요.
다음 이름표에 알맞은 부분을 찾아 선으로 이어 보세요.

햇빛이 필요해요

식물은 햇빛을 이용해서 영양분을 얻고 자라요.
다음 중 햇빛으로 자라는 것을 모두 찾아 ○ 하세요.

물의 다양한 변화

다음 설명을 읽고 빈칸에 알맞은 숫자를 써 보세요.

햇빛이 비치면 바닷물은 수증기가 되어 하늘로 올라가요.
수증기는 모여서 구름이 되었다가 비가 되어 다시 내려와요.

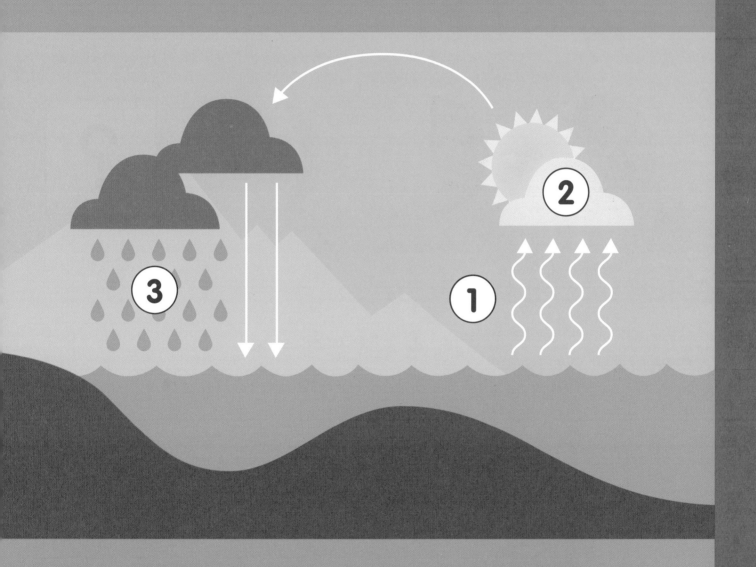

비	구름	수증기

달 모양 관찰하기

달은 시간이 지날수록 모양이 조금씩 바뀌어요.
눈썹처럼 가늘어졌다가 점점 커져 반달이 되고,
공처럼 둥근 보름달이 된 후 다시 작아져요.

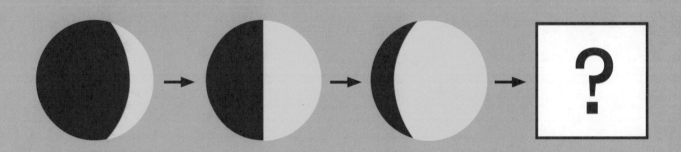

다음 중 위 빈칸에 들어갈
알맞은 달의 모양을 찾아 ◯ 하세요.

무슨 행성일까요?

우주의 행성은 저마다 이름이 있어요.
다음 설명을 읽고 각 행성의 이름을 아래에서 찾아
빈칸에 써 보세요.

수성은 태양의 바로 옆에 있어요.
화성은 태양에서 가장 멀리 떨어져 있어요.
지구는 화성의 옆에 있어요.
금성은 수성의 옆에 있어요.

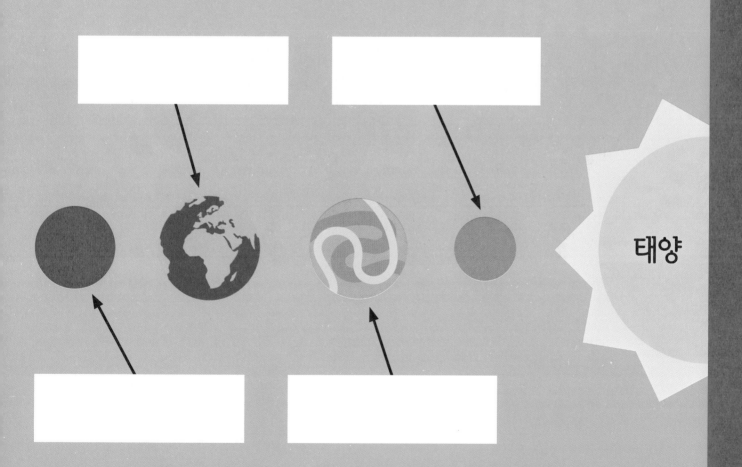

태양

금성　　수성　　화성　　지구

공룡 화석 맞히기

지용이는 화석 박물관에 가서 오래된 공룡의 뼈를 보았어요.
각 뼈의 주인이 누구인지 찾아 선으로 이어 보세요.

스테고사우루스

트리케라톱스

티라노사우루스

땅속 화석의 나이

땅속에 오랫동안 묻혀 있던 화석들을 발견했어요.
다음 중 가장 오래된 화석을 모두 찾아 ◯ 하세요.

힌트 : 깊은 땅속에 있을수록 더 오래된 화석이에요.

누구의 알일까요?

공룡이 살던 아주 먼 옛날에도 많은 동물이 살았어요.
각 동물이 낳은 알을 찾아 선으로 이어 보세요.

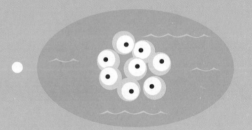

어디에 낳을까요?

동물은 특성에 따라 서로 다른 장소에 알을 낳아요.
각 동물이 어디에 알을 낳았는지 찾아 선으로 이어 보세요.

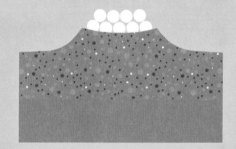

식물이 사는 곳

공책에 적어 둔 식물의 이름이 지워졌어요.
지워진 부분에 들어갈 식물 이름을 아래에서 찾아
빈칸에 써 보세요.

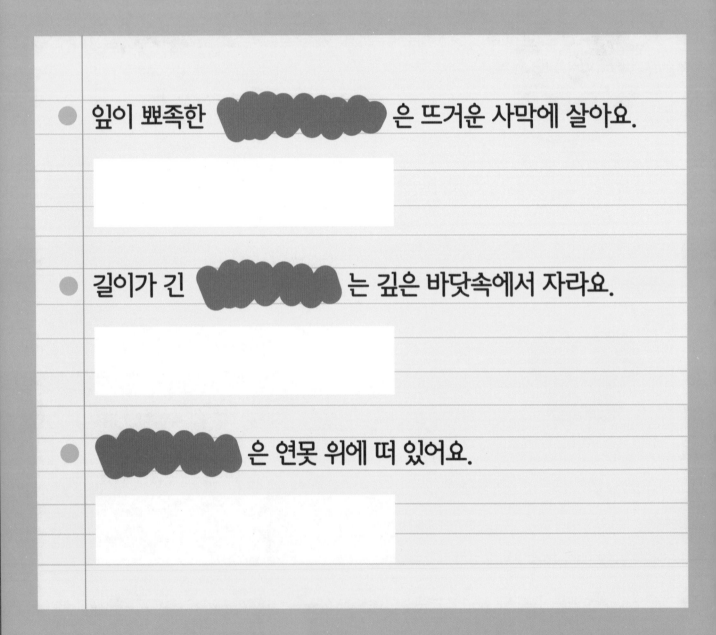

- 잎이 뾰족한 　　　　　은 뜨거운 사막에 살아요.

- 길이가 긴 　　　　　는 깊은 바닷속에서 자라요.

- 　　　　　은 연못 위에 떠 있어요.

해초　　선인장　　연꽃

다양한 땅의 모양

흙과 물은 땅 모양을 다양하게 만들어요.
각 그림을 보고 알맞은 설명을 찾아 선으로 이어 보세요.

섬

주변이 모두 바다로
둘러싸여 있어요.

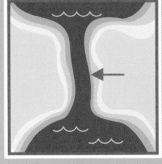

강

땅이 움푹 파여
물이 고여 있어요.

호수

길게 흐르는
큰 물줄기예요.

오늘의 날씨

지금 내가 살고 있는 곳의 날씨는 어떤가요?
다음 중 오늘 날씨에 알맞은 그림을 모두 찾아
빈칸에 ◯ 하세요.

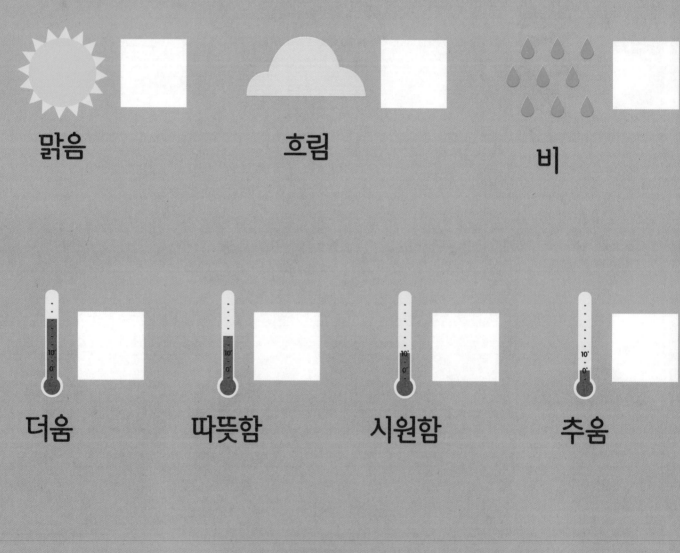

맑음　　　　　흐림　　　　　비

더움　　따뜻함　　시원함　　추움

바람　　　　천둥 번개　　　　눈

날씨를 측정해요

지아는 공기의 온도, 비의 양, 바람의 방향을 측정하려고 해요.
각 날씨에 알맞은 측정 도구를 찾아 선으로 이어 보세요.

공기의 온도

비의 양

바람의 방향

비탈길 내려오기

자동차들이 각각 경사가 다른 비탈길에서 내려와요.
다음 중 가장 먼저 도착할 자동차를 찾아 ◯ 하세요.

장난감 기차 경주하기

똑같은 힘을 동시에 주어 장난감 기차를 밀었어요.
다음 중 가장 빨리 움직일 기차를 찾아 ◯ 하세요.

방향을 알려 줘요

길을 잃었을 때 방향을 알려 주는 도구를 나침반이라고 해요.
아래 나침반의 바늘을 알맞은 색깔로 색칠해 보세요.

나침반의 바늘은 빨간색이 북쪽,
파란색이 남쪽을 가리켜요.

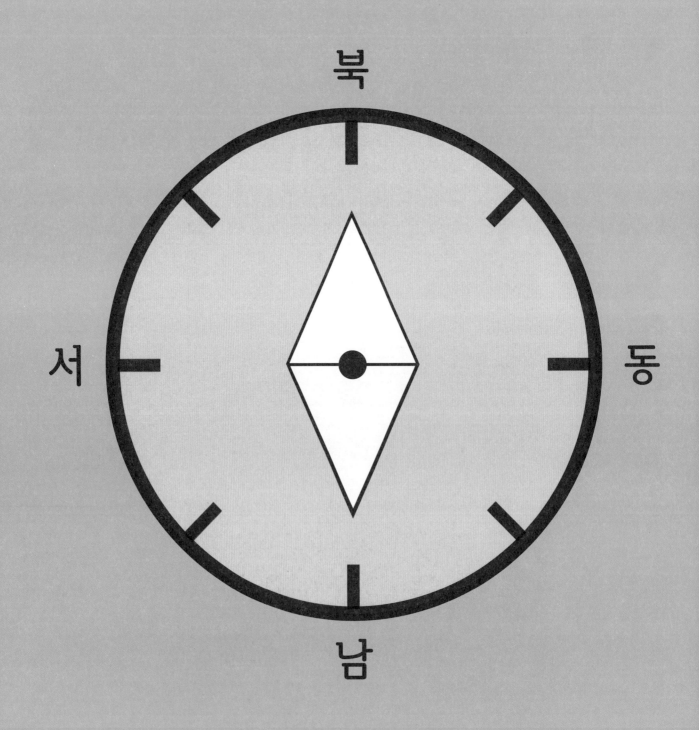

→ 동물 ←

어디에 살까요?

아름이는 세계 여행을 하면서 여러 지역의 사진을 찍었어요.
다음 사진을 보고 각 지역에서 볼 수 있는 동물을 찾아
선으로 이어 보세요.

초원

북극

사막

추운 곳에 사는 동물

준호는 북극과 남극에 사는 동물의 사진을 모아요.
다음 중 준호가 모은 동물 사진을 모두 찾아 ◯ 하세요.

곤충의 특징 알기

정은이는 곤충의 특징을 조사했어요.
다음 특징을 읽어 보고 곤충이 아닌 것을 찾아 ◯ 하세요.

곤충의 몸은 머리, 가슴, 배로 이루어졌어요.
곤충은 다리가 6개 있어요.
곤충 중에는 날개가 없는 것도 있어요.

개미

벌

잠자리

거미

알을 낳는 동물들

동물 중에는 새끼를 낳는 것도 있고, 알을 낳는 것도 있어요.
다음 중 알을 낳는 동물을 모두 찾아 ◯ 하세요.

북극곰

개구리

물고기

고릴라

코알라

쥐

냄새를 이용해요

동물은 다양한 방법으로 자신을 보호해요.
다음 중 위험에 처하면 지독한 냄새를 풍겨 적을 물리치는
동물을 찾아 ○ 하세요.

고슴도치

독수리

벌

스컹크

얼룩말

액체를 뿜어요

바다 동물 중에는 액체를 뿜어내 먹이를 잡고
적을 물리치는 것들이 있어요.
다음 중 액체를 뿜는 바다 동물을 찾아 ◯ 하세요.

암모나이트

오징어

불가사리

새우

상어

비슷한 동물 분류하기

특징이 비슷한 동물들은 묶어서 분류할 수 있어요.
다음 중 비슷한 동물을 찾아 선으로 이어 보세요.

동물 몸 관찰하기

유민이는 돋보기로 동물의 몸을 관찰하고 있어요.
유민이가 보고 있는 동물을 찾아 ◯ 하세요.

개구리의 먹이 찾기

개구리 프레디는 이제 막 잠에서 깨어나 배가 고파요.
프레디가 먹을 수 있는 것을 모두 찾아 ◯ 하세요.

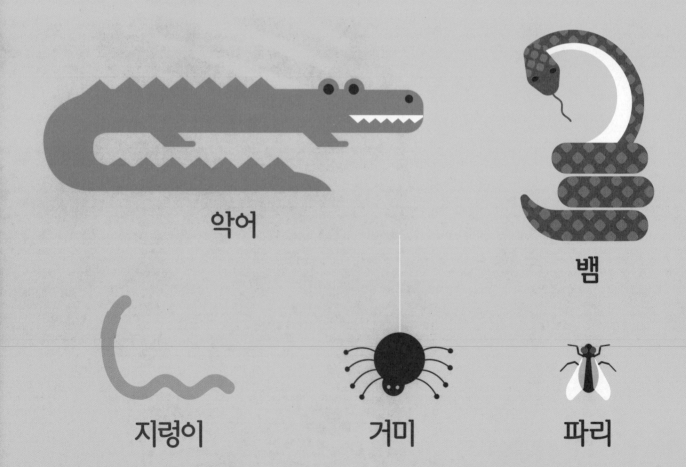

악어

뱀

지렁이

거미

파리

힌트 : 개구리는 자기보다 몸집이
작은 동물을 먹을 수 있어요.

동물의 특징 유추하기

예슬이는 방학 숙제로 다양한 동물의 특징을 조사했어요.
다음 특징을 읽어 보고 예슬이가 조사한 동물을 찾아 ◯ 하세요.

주로 풀을 먹고 살아요.
알이 아닌 새끼를 낳아요.
몸에 주머니가 없어요.
몸이 털로 뒤덮여 있어요.

사슴

사자

캥거루

거북

나는 누구일까요? 1

다음 수수께끼를 풀고 알맞은 동물에 ◯ 하세요.

나는 물가에 사는 동물이에요.
내 몸에는 털이나 비늘이 없어요.
나는 등에 단단한 껍데기가 있어요.

나는 누구일까요?

개구리

앵무새

거북

뱀

나는 누구일까요? 2

다음 수수께끼를 풀고 알맞은 동물에 ◯ 하세요.

나는 하늘을 날지 못해요.
내 얼굴과 몸에는 무늬가 있어요.
나는 네 다리로 아주 빨리 달릴 수 있어요.

나는 누구일까요?

큰부리새

북극곰

뱀

치타

사자

스스로 몸을 지켜요

동물은 각각 다른 방법으로 자기 몸을 안전하게 지켜요.
다음 동물들의 생김새를 잘 보고 몸을 지키는
방법을 찾아 선으로 이어 보세요.

나는 검은색과 흰색의
줄무늬로 달려오는
적을 속일 수 있어.

나는 등에 있는
단단한 껍데기 속에
몸을 숨겨 적을 피해.

나는 뾰족한 가시를
세워 적이 다가오지
못하게 하지.

동물의 특이한 행동

동물은 자기 몸을 보호하거나 먹이를 찾기 위해
특이한 행동을 해요. 다음 그림을 잘 보고
각 동물의 행동을 찾아 선으로 이어 보세요.

나는 따뜻하고 먹이가
많은 곳으로 무리 지어
이동해.

나는 주변 사물과
같은 색으로 몸 색깔을
바꾸어 숨지.

나는 추운 겨울에는
나무 속에서
오랜 시간 잠을 자.

집을 찾아요

동물은 저마다 쉴 수 있는 집이 있어요.
왼쪽 동물에 알맞은 집을 찾아 선으로 이어 보세요.

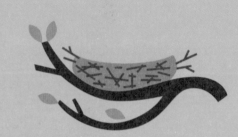

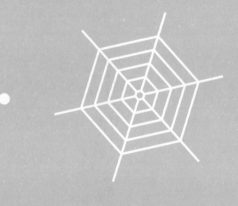

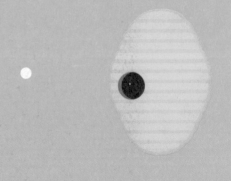

동물 미로 통과하기

강아지는 다리 개수가 4개인 동물이 있는 길로만 지나갈 수 있어요.
토토가 집에 갈 수 있도록 선을 그어 보세요.

알맞은 공룡 찾기

거대한 공룡 기간토랍토르는
새와 같이 깃털이 있고 입이 부리 모양이에요.
다음 중 기간토랍토르를 찾아 ◯ 하세요.

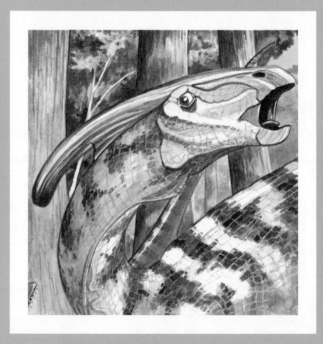

그림자를 찾아요

다양한 공룡들이 그림자놀이를 하고 있어요.
다음 그림자는 어떤 공룡의 것인지 아래에서 찾아 ◯ 하세요.

돌고래 몸 관찰하기

돌고래의 몸을 잘 살펴보고 각 부위에 알맞은 이름을
아래에서 찾아 빈칸에 써 보세요.

힌트 : 돌고래는 머리 위에 있는 작은 구멍으로 숨을 쉬어요.

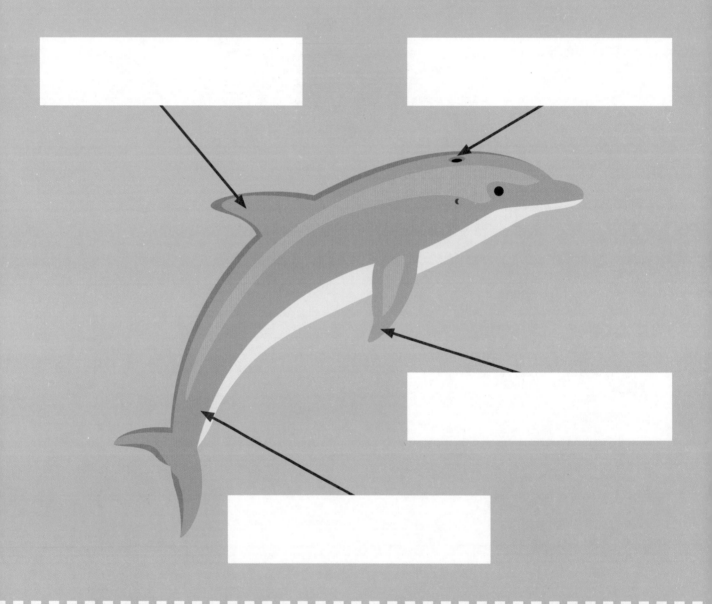

꼬리   콧구멍
가슴지느러미   등지느러미

바다 숲에 살아요

해초가 무성한 바다 숲에는 다양한 동물이 살아요.
각 바다 동물의 이름을 아래에서 찾아 빈칸에 써 보세요.

뱀장어   성게

불가사리   물고기

바다 동물 수수께끼

다음 수수께끼를 풀고 알맞은 바다 동물을 찾아 ○ 하세요.

내 얼굴에는 긴 수염이 있어요.
나는 물 밖에서만 숨을 쉴 수 있어요.
나는 물속을 헤엄치거나 땅 위를 걸어 다닐 수 있어요.

나는 누구일까요?

바닷속 관찰하기

199

동물

잠수함을 타고 깊은 바닷속 사진을 찍었어요.
사진 속 바다 동물의 이름을 아래에서 찾아 빈칸에 써 보세요.

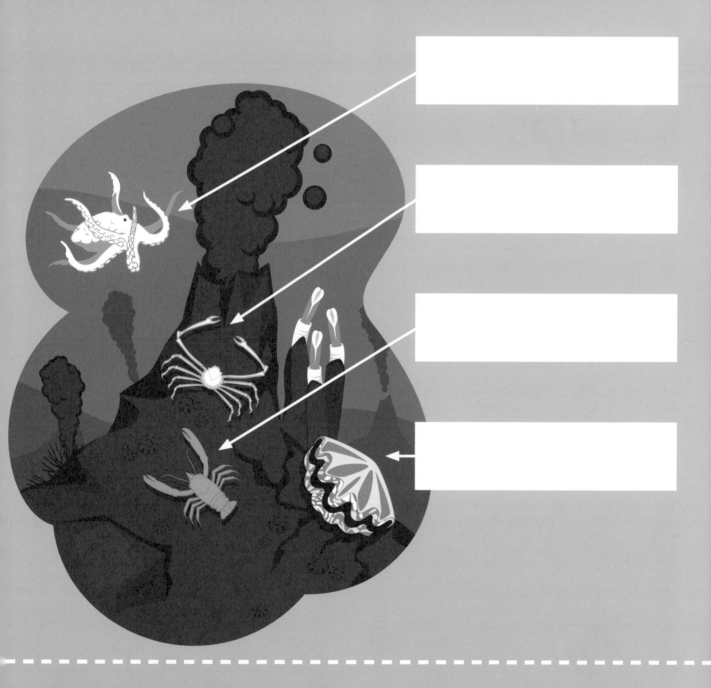

거미게   문어
바닷가재   조개

단단한 바다 동물

바다에 사는 동물 중에는
단단한 껍데기가 몸을 감싼 것들이 있어요.
다음 중 껍데기가 단단한 동물을 모두 찾아 ◯ 하세요.

바닷가재

뱀장어

상어

불가사리

문어

해파리

해마

조개

가오리

→ 시계, ←
달력

30분을 배워요

시계들이 각각 30분을 가리키고 있어요.
각 시계를 보고 빈칸에 알맞은 숫자를 써 보세요.

시 30분　　시 30분

시 30분　　시 30분

알맞은 긴바늘 찾기

각 시계 밑에 쓰인 시간을 보고
2개의 긴바늘 중 알맞은 바늘을 찾아 색칠해 보세요.

7시

2시 30분

9시 30분

5시

똑같은 시간 찾기 1

왼쪽 시계와 같은 시간을 나타내는 시계를 찾아
선으로 이어 보세요.

 · ·

 · ·

 · ·

 · ·

시간 순서 맞히기

영재는 학교에서 여러 과목을 공부해요.
시간 순서에 맞게 1부터 4까지 빈칸에 숫자를 써 보세요.

11:00

수학

9:30

국어

ㄱㄴㄷ

10:20

체육

12:00

미술

똑같은 시간 찾기 2

왼쪽 시계와 같은 시간을 나타내는 시계를 찾아
선으로 이어 보세요.

몇 분일까요?

시계의 숫자들은 시와 분을 동시에 나타내요.
각 숫자가 몇 분을 가리키는지 아래에서 찾아 빈칸에 써 보세요.

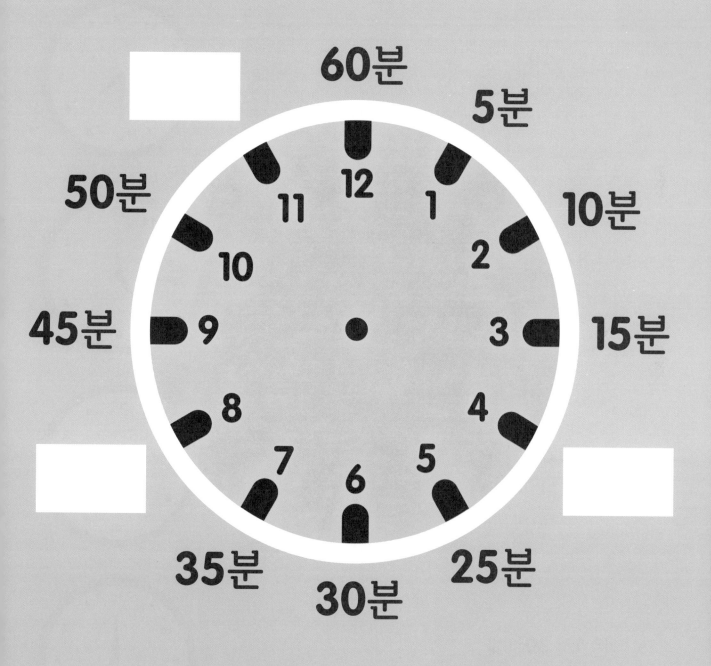

55분   20분   40분

알맞은 시계 연결하기

진영이가 몇 시에 무엇을 했는지 읽어 보고
알맞게 나타낸 시계를 찾아 선으로 이어 보세요.

나는 **7**시에
일어나요.

나는 **8**시 **30**분에
학교에 가요.

나는 **12**시에
점심을 먹어요.

나는 **4**시 **30**분에
친구들과 놀아요.

시곗바늘 그리기

시계의 바늘들이 모두 사라졌어요.
각 시계 밑에 쓰인 시간을 보고 시곗바늘을 그려 보세요.

1시

6시 15분

12시 30분

4시

달력 속 날짜 찾기

지효는 엄마와 아빠의 생신을 달력에 표시하려 해요.
다음 문제를 읽고 엄마 생신에는 ◯, 아빠 생신에는 ✕ 하세요.

엄마 생신은 8월 2일이에요.
아빠 생신은 8월 18일이에요.

8월

일	월	화	수	목	금	토
		1	2	3	4	5
6	7	8	9	10	11	12
13	14	15	16	17	18	19
20	21	22	23	24	25	26
27	28	29	30	31		

5월의 특별한 날

5월에는 특별한 날이 아주 많아요.
아래 설명에 알맞은 날짜를 찾아 선으로 이어 보세요.

5월						
일	월	화	수	목	금	토
			1	2	3	4
5	6	7	8	9	10	11
12	13	14	15	16	17	18
19	20	21	22	23	24	25
26	27	28	29	30	31	

신 나는
어린이날은
5월 5일이에요.

부모님께 감사를
전하는 어버이날은
5월 8일이에요.

선생님께 고마움을
전하는 스승의 날은
5월 15일이에요.

공휴일을 배워요

공휴일은 나라에서 정한 쉬는 날이에요.
아래 그림을 보고 알맞은 날짜를 찾아 선으로 이어 보세요.

설날

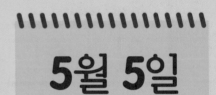

5월 5일

어린이날

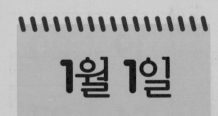

1월 1일

크리스마스

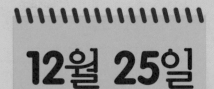

12월 25일

국경일을 배워요

국경일은 나라의 기쁜 일을 기념하는 날이에요.
아래 그림을 보고 알맞은 날짜를 찾아 선으로 이어 보세요.

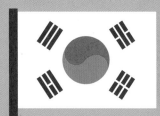
광복절

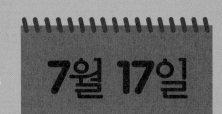
7월 17일

제헌절

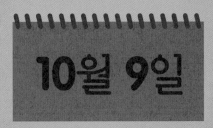
10월 9일

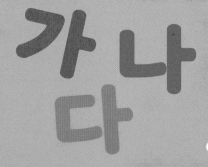
한글날

8월 15일

요일 순서 알기

왼쪽에는 요일을 나타내는 낱말들이 뒤죽박죽 섞여 있어요.
요일의 순서를 잘 생각해 보고 빈칸에 순서대로 써 보세요.

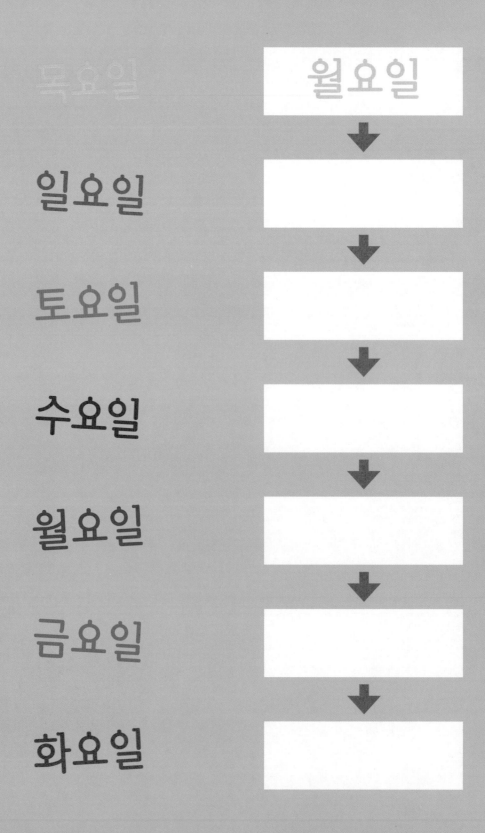

생일 순서 맞히기

아래의 친구들은 모두 같은 해에 태어났어요.
태어난 순서에 맞게 1부터 4까지 빈칸에 숫자를 써 보세요.

윤지의 생일은 **4**월 **11**일이에요.

성호의 생일은 **10**월 **7**일이에요.

세연이의 생일은 **12**월 **20**일이에요.

찬호의 생일은 **2**월 **23**일이에요.

1월 달력 완성하기

다영이가 만든 1월 달력이 군데군데 찢어졌어요.
빈 곳에 알맞은 날짜를 써서 달력을 완성해 보세요.

			1월			
일	월	화	수	목	금	토
	1	2	3	4		
6	7	8		10	11	12
	14	15	16		18	19
20		22	23	24	25	26
27	28		30	31		

→ 정답 ←

218

→ 창의 ←

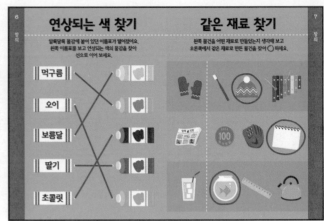

연상되는 색 찾기 · 같은 재료 찾기

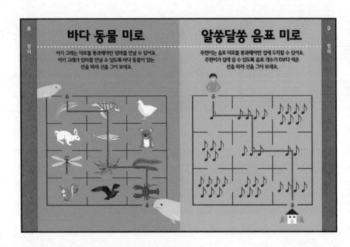

바다 동물 미로 · 알쏭달쏭 음표 미로

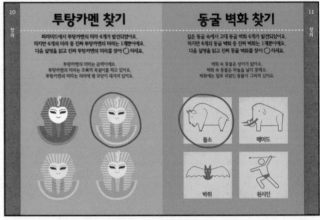

투탕카멘 찾기 · 동굴 벽화 찾기

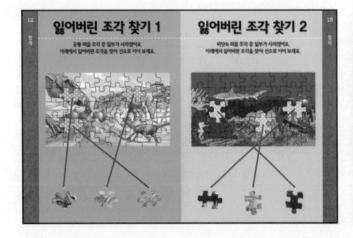

잃어버린 조각 찾기 1 · 잃어버린 조각 찾기 2

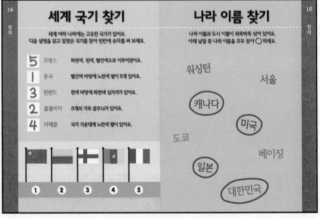

세계 국기 찾기 · 나라 이름 찾기

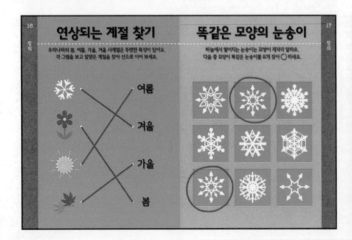

연상되는 계절 찾기 · 똑같은 모양의 눈송이

물고기 수수께끼 · 운동 수수께끼

정답

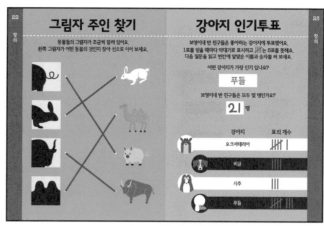

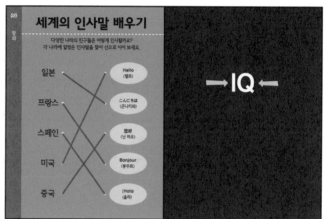

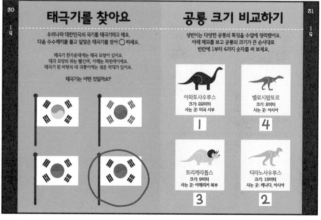

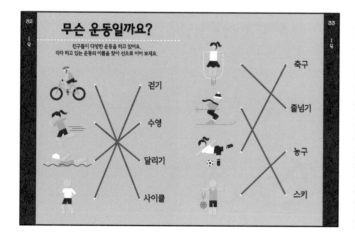

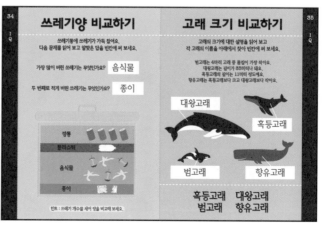

정답

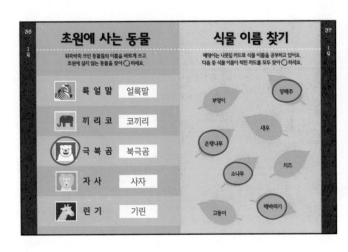

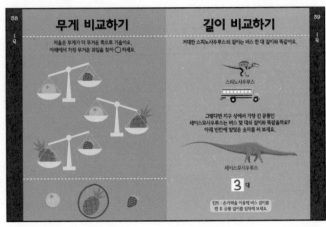

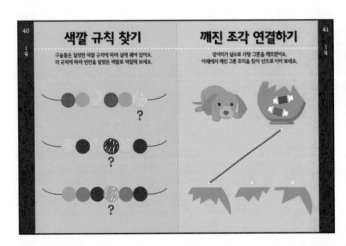

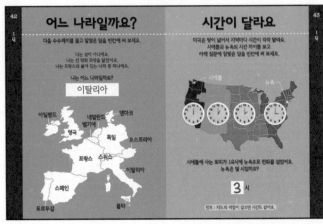

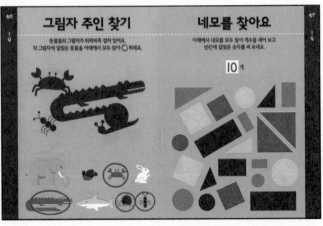

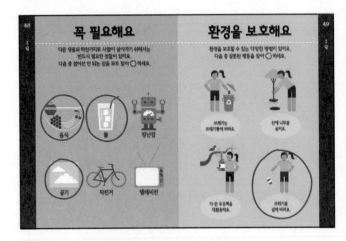

정답

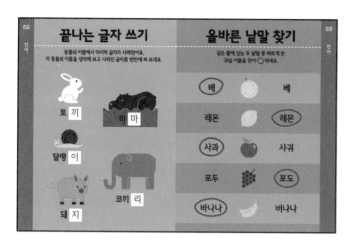

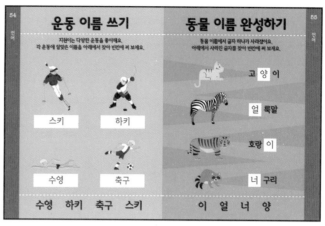

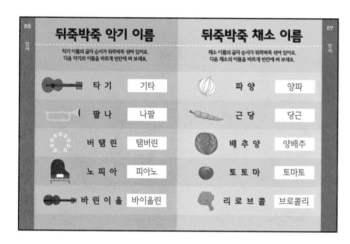

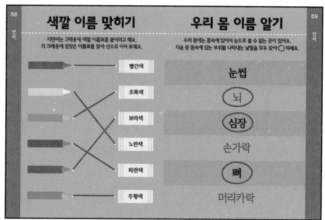

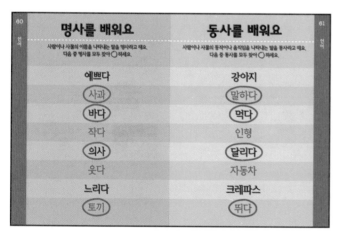

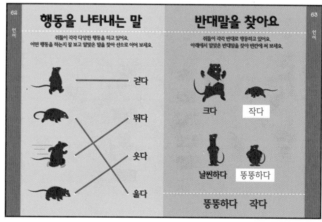

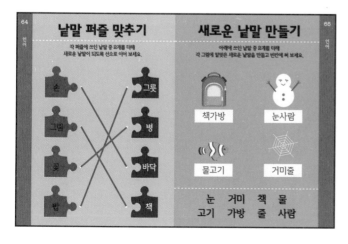

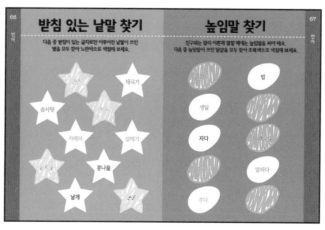

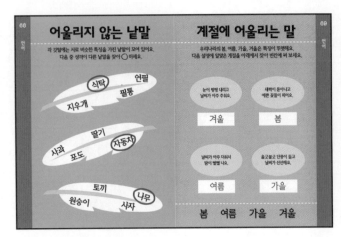

어울리지 않는 낱말

각 깃발에는 서로 비슷한 특징을 가진 낱말이 모여 있어요.
다음 중 성격이 다른 낱말을 찾아 ○ 하세요.

식탁
연필
필통
지우개

딸기
사과
자동차
포도

토끼
나무
원숭이
사자

계절에 어울리는 말

우리나라의 봄, 여름, 가을, 겨울은 특징이 뚜렷해요.
다음 설명에 알맞은 계절을 아래에서 찾아 빈칸에 써 보세요.

눈이 펑펑 내리고
날씨가 아주 추워요.
겨울

새싹이 돋아나고
예쁜 꽃들이 피어요.
봄

날씨가 아주 더워서
땀이 뻘뻘 나요.
여름

울긋불긋 단풍이 들고
날씨가 선선해요.
가을

봄 여름 가을 겨울

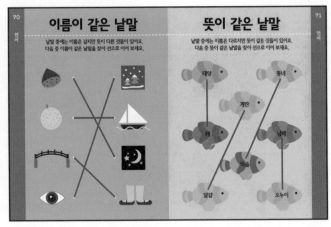

이름이 같은 낱말

낱말 중에는 이름은 같지만 뜻이 다른 것들이 있어요.
다음 중 이름이 같은 낱말을 찾아 선으로 이어 보세요.

뜻이 같은 낱말

낱말 중에는 이름은 다르지만 뜻이 같은 것들이 있어요.
다음 중 뜻이 같은 낱말을 찾아 선으로 이어 보세요.

태양 — 동녘
— 계란
해 — 남새
마늘
달걀 오누이

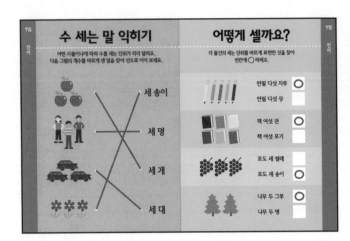

수 세는 말 익히기

어떤 사물이냐에 따라 수 세는 단위가 각각 달라요.
다음 그림의 개수를 바르게 센 말을 찾아 선으로 이어 보세요.

세 송이
세 명
세 개
세 대

어떻게 셀까요?

각 물건의 단위를 바르게 표현한 것을 찾아
빈칸에 ○ 하세요.

연필 다섯 자루 ○
연필 다섯 장

책 여섯 권 ○
책 여섯 포기

포도 세 켤레
포도 세 송이 ○

나무 두 그루 ○
나무 두 명

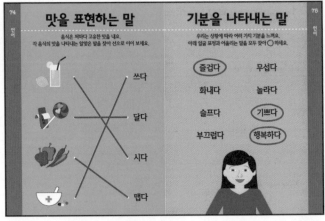

맛을 표현하는 말

음식은 저마다 고유한 맛을 내요.
각 음식의 맛을 나타내는 알맞은 말을 찾아 선으로 이어 보세요.

쓰다
달다
시다
맵다

기분을 나타내는 말

우리는 상황에 따라 여러 가지 기분을 느껴요.
아래 얼굴 표정과 어울리는 말을 모두 찾아 ○ 하세요.

즐겁다 무섭다
화내다 놀라다
슬프다 기쁘다
부끄럽다 행복하다

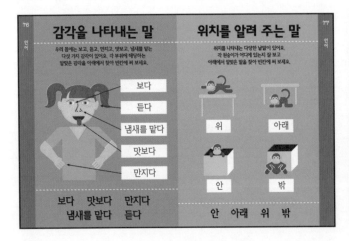

감각을 나타내는 말

우리 몸에는 보고, 듣고, 만지고, 맛보고, 냄새를 맡는
다섯 가지 감각이 있어요. 각 부위에 해당하는
알맞은 감각을 아래에서 찾아 빈칸에 써 보세요.

보다
듣다
냄새를 맡다
맛보다
만지다

보다 맛보다 만지다
냄새를 맡다 듣다

위치를 알려 주는 말

위치를 나타내는 다양한 낱말이 있어요.
각 너구리가 어디에 있는지 잘 보고
아래에서 알맞은 말을 찾아 빈칸에 써 보세요.

위 아래
안 밖

안 아래 위 밖

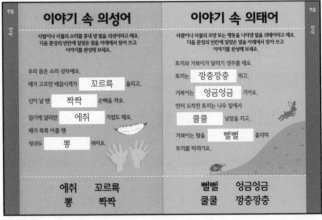

이야기 속 의성어

사람이나 사물의 소리를 흉내 낸 말을 의성어라고 해요.
다음 문장의 빈칸에 알맞은 말을 아래에서 찾아 쓰고
이야기를 완성해 보세요.

우리 몸은 소리 상자예요.
배가 고프면 배꼽시계가 **꼬르륵** 울리고,
신이 날 땐 **짝짝** 손뼉을 쳐요.
감기에 걸리면 **에취** 기침도 해요.
배가 쿡쿡 아플 땐
방귀도 **뽕** 뀌어요.

에취 꼬르륵
뽕 짝짝

이야기 속 의태어

사람이나 사물의 모양 또는 행동을 나타낸 말을 의태어라고 해요.
다음 문장의 빈칸에 알맞은 말을 아래에서 찾아 쓰고
이야기를 완성해 보세요.

토끼와 거북이가 달리기 경주를 해요.
토끼는 **깡충깡충** 뛰고,
거북이는 **엉금엉금** 기어요.
먼저 도착한 토끼는 나무 밑에서
쿨쿨 낮잠을 자고,
거북이는 땀을 **뻘뻘** 흘리며
토끼를 따라가요.

뻘뻘 엉금엉금
쿨쿨 깡충깡충

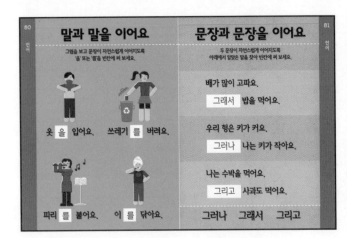

말과 말을 이어요

그림을 보고 문장이 자연스럽게 이어지도록
'을' 또는 '를'을 빈칸에 써 보세요.

옷 을 입어요.
쓰레기 를 버려요.

피리 를 불어요.
이 를 닦아요.

문장과 문장을 이어요

두 문장이 자연스럽게 이어지도록
아래에서 알맞은 말을 찾아 빈칸에 써 보세요.

배가 많이 고파요.
그래서 밥을 먹어요.

우리 형은 키가 커요.
그러나 나는 키가 작아요.

나는 수박을 먹어요.
그리고 사과도 먹어요.

그러나 그래서 그리고

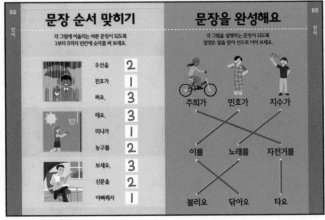

문장 순서 맞히기

각 그림에 어울리는 바른 문장이 되도록
1부터 3까지 빈칸에 숫자를 써 보세요.

우산을 **2**
진호가 **1**
펴요. **3**

해요. **3**
미나가 **1**
농구를 **2**

보세요. **3**
신문을 **2**
아빠께서 **1**

문장을 완성해요

각 그림을 설명하는 문장이 되도록
알맞은 말을 찾아 선으로 이어 보세요.

주희가 민호가 지수가

이를 노래를 자전거를

불러요 닦아요 타요

정답

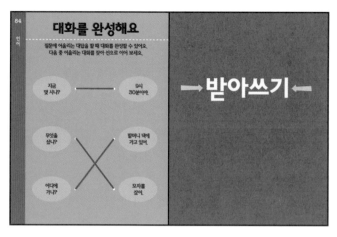

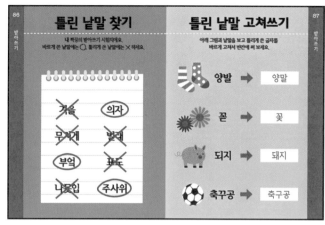

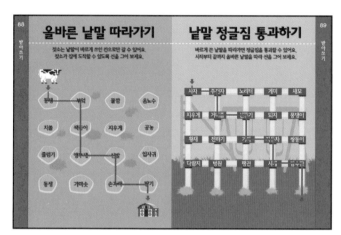

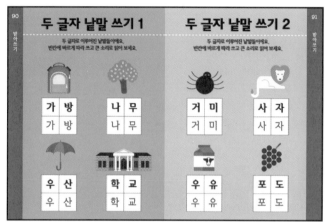

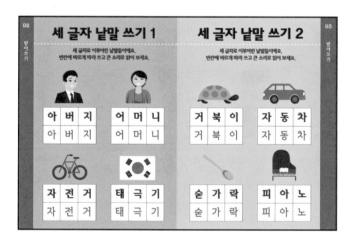

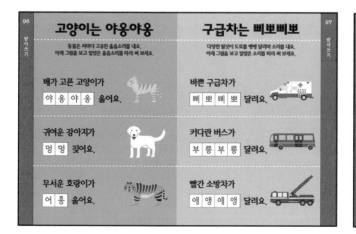

정답

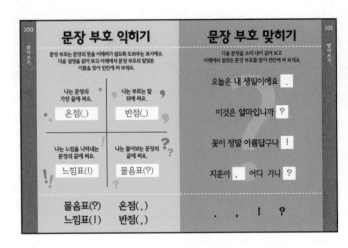

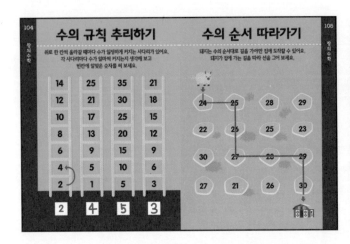

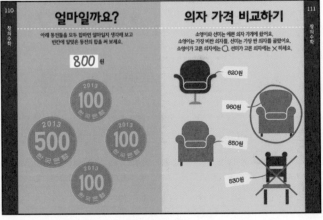

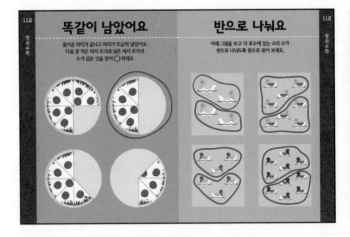

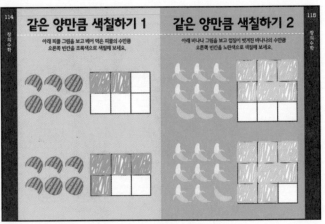

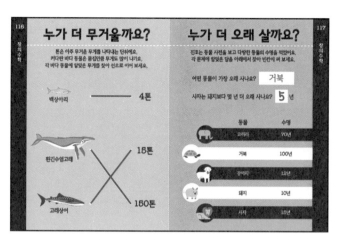

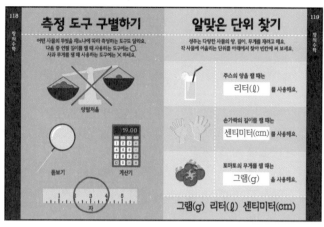

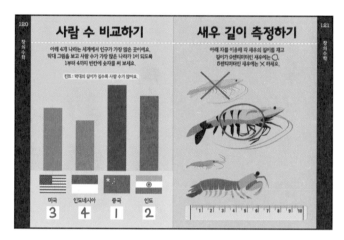

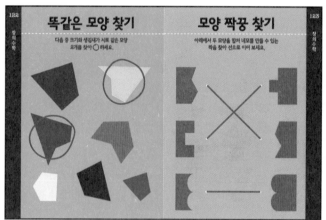

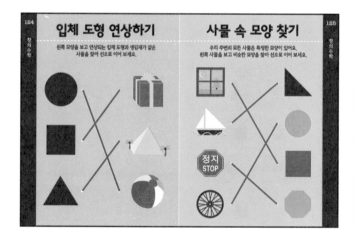

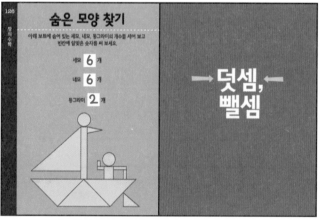

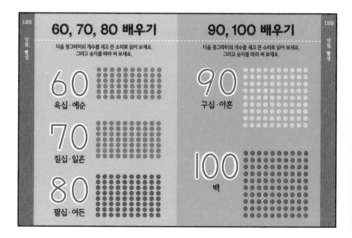

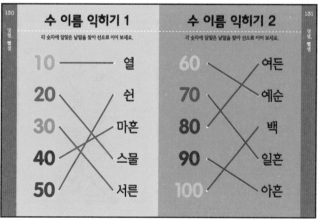

정답

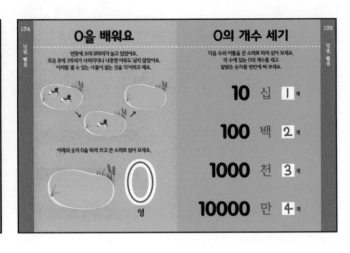

빠진 숫자 채우기
100까지 수 쓰기

88 - 89 - 90   77 - 78 - 79
80 - 81 - 82   65 - 66 - 67
92 - 93 - 94   73 - 74 - 75
61 - 62 - 63   98 - 99 - 100

60	61	62	63	64	65
66	67	68	69	70	71
72	73	74	75	76	77
78	79	80	81	82	83
84	85	86	87	88	89
90	91	92	93	94	95
96	97	98	99	100	

0을 배워요
0의 개수 세기

10 십 1 개
100 백 2 개
1000 천 3 개
10000 만 4 개

0 영

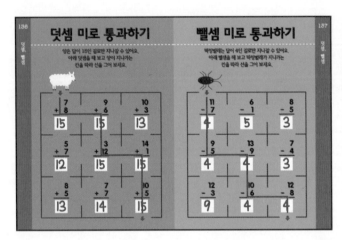

덧셈 미로 통과하기
뺄셈 미로 통과하기

7+8=15 9+6=15 10+3=13
5+7=12 3+12=15 14+1=15
8+5=13 7+7=14 10+5=15

11-7=4 6-1=5 8-5=3
9-5=4 13-9=4 7-4=3
12-3=9 10-6=4 12-8=4

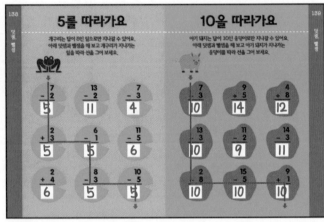

5를 따라가요
10을 따라가요

7-2=5 13-2=11 9-5=4
3+2=5 6-1=5 11-5=6
2+4=6 10-5=5 10-5=5

7+3=10 9+5=14 4+8=12
13-3=10 11-2=9 14-3=11
2-8=10 15-5=10 9+1=10

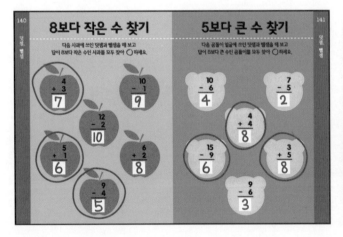

8보다 작은 수 찾기
5보다 큰 수 찾기

4+3=7 10-1=9
12-2=10
5+1=6 6+2=8
9-4=5

10-6=4 7-5=2
4+4=8
15-9=6 3+5=8
9-6=3

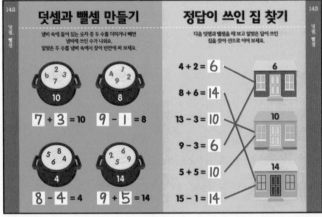

덧셈과 뺄셈 만들기
정답이 쓰인 집 찾기

10 8
7+3=10 9-1=8
4 14
8-4=4 9+5=14

4+2=6 → 6
8+6=14 → 14
13-3=10 → 10
9-3=6 → 6
5+5=10 → 10
15-1=14 → 14

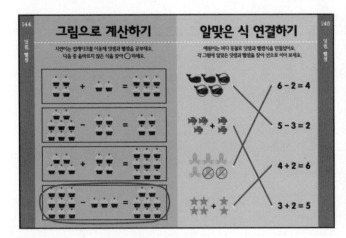

그림으로 계산하기
알맞은 식 연결하기

6-2=4
5-3=2
4+2=6
3+2=5

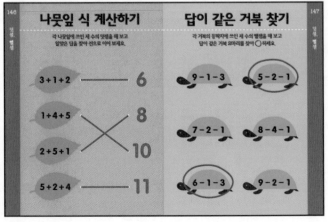

나뭇잎 식 계산하기
답이 같은 거북 찾기

3+1+2 — 6
1+4+5
2+5+1 × 10
5+2+4 — 11
8

9-1-3   5-2-1
7-2-1   8-4-1
6-1-3   9-2-1

148 세 수를 더해요

덧셈, 뺄셈

다음 세 수를 앞에서부터 차례대로 더하고
빈칸에 알맞은 답을 써 보세요.

3 + 1 + 4 = **8**
5 + 2 + 1 = **8**
7 + 2 + 1 = **10**
3 + 6 + 1 = **10**
2 + 8 + 3 = **13**
4 + 5 + 6 = **15**
8 + 3 + 1 = **12**
9 + 4 + 2 = **15**

149 세 수를 빼요

덧셈, 뺄셈

다음 세 수를 앞에서부터 차례대로 빼고
빈칸에 알맞은 답을 써 보세요.

9 - 4 - 2 = **3**
5 - 3 - 1 = **1**
7 - 1 - 4 = **2**
8 - 2 - 3 = **3**
6 - 1 - 1 = **4**
9 - 2 - 2 = **5**
7 - 3 - 1 = **3**
8 - 5 - 2 = **1**

150 덧셈과 뺄셈 완성하기

덧셈, 뺄셈

덧셈과 뺄셈에서 숫자 하나씩 사라졌어요.
빈칸에 알맞은 숫자를 써 보세요.

2 + **6** = 8
15 - **3** = 12
5 + **4** = 9
14 - **7** = 7
7 + **8** = 15

→ 과학 ←

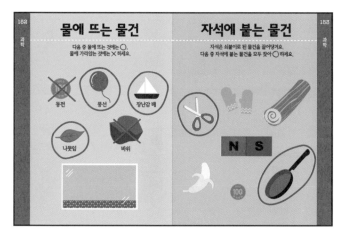

152 물에 뜨는 물건 / 153 자석에 붙는 물건

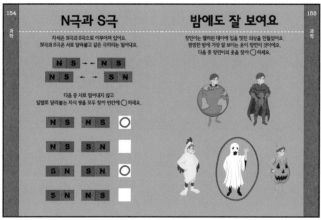

154 N극과 S극 / 155 밤에도 잘 보여요

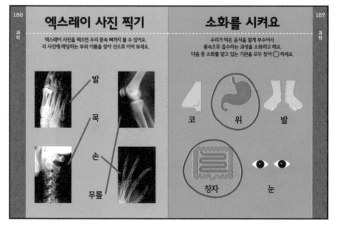

156 엑스레이 사진 찍기 / 157 소화를 시켜요

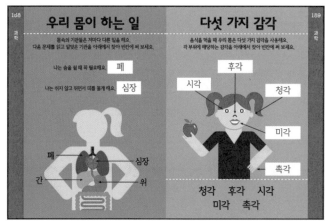

158 우리 몸이 하는 일 / 159 다섯 가지 감각

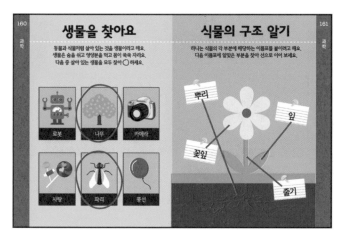

160 생물을 찾아요 / 161 식물의 구조 알기

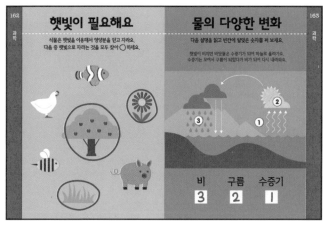

162 햇빛이 필요해요 / 163 물의 다양한 변화

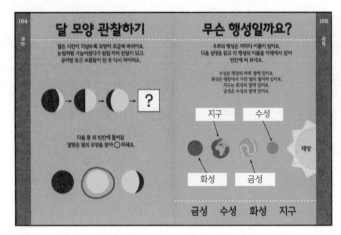

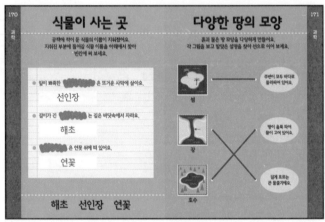

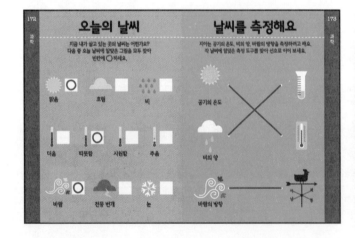

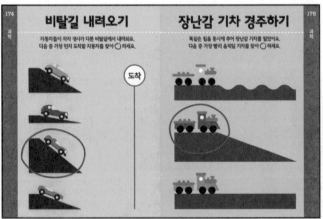

정답

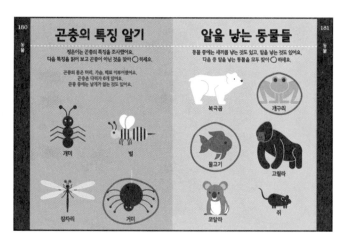

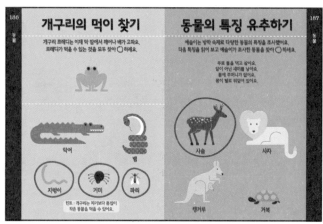

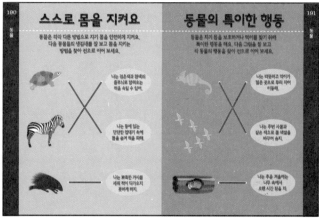

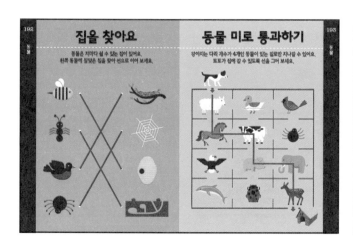

정답

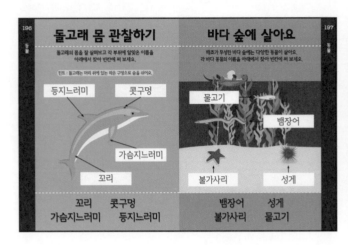

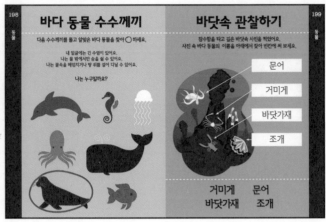

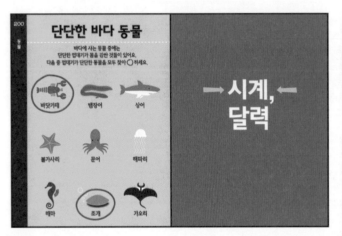

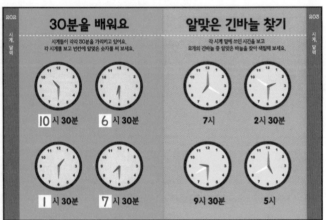

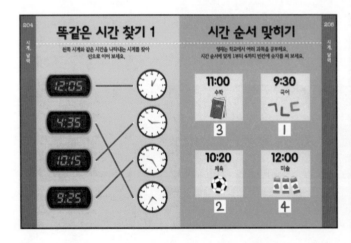

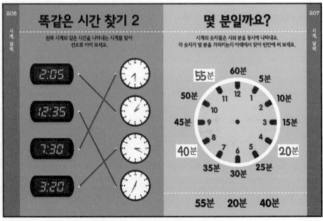

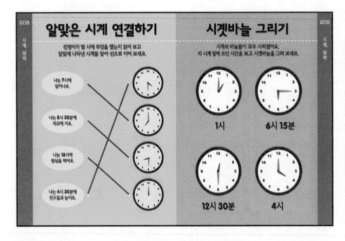

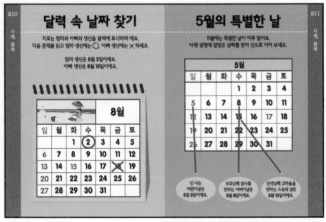

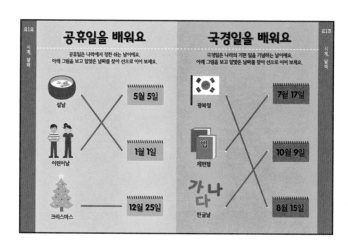

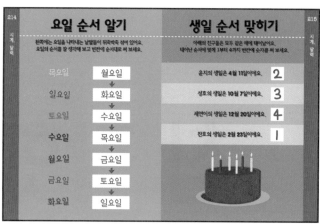

참 잘했어요

이름 : _ _ _ _ _ _ _ _ _ _ _ _ _ _ _ _ _

날짜 : _ _ _ _ _ 년 _ _ _ 월 _ _ _ 일